내가 마침내
다 이루었다

내가 마침내 다 이루었다

초판 1쇄 발행 2023년 8월 30일

지은이   이수명
펴낸이   이기봉
편집   좋은땅 편집팀
펴낸곳   도서출판 좋은땅
주소   서울특별시 마포구 양화로12길 26 지월드빌딩 (서교동 395-7)
전화   02)374-8616~7
팩스   02)374-8614
이메일   gworldbook@naver.com
홈페이지 www.g-world.co.kr

ISBN   979-11-388-2237-4 (03230)

- 가격은 뒤표지에 있습니다.
- 이 책은 저작권법에 의하여 보호를 받는 저작물이므로 무단 전재와 복제를 금합니다.
- 파본은 구입하신 서점에서 교환해 드립니다.

내가 마침내 다 이루었다

이수명 목사 지음

좋은땅

"내가 마침내 다 이루었다"

금년 1월에 기도하던 중 내 마음에 세 번째 책을 내고 싶은 생각이 들어 나는,

"이거 너무 욕심 아닌가. 처음에 책 한 권만 내었으면 했는데 두 권 내었지 않아." 하고 포기했는데 자꾸 마음에,

"그래도 세 권은 내는 것이 좋지 않냐 너 삼이라는 숫자 좋아하지 않냐." 하는 생각에 하나님 아버지께,

"아버지 제가 세 번째 책 내는 것을 허락하시면 지난번처럼 책 제목과 출판 비용을 주시면 내겠습니다." 하고 기도하던 중 내 마음에,

"네가 세 번째 낼 책 제목은 《내가 마침내 다 이루었다》" 하시는 것이다. 그리고 한 달쯤 후에 두 번째 책 출판 비용을 주신 김종기 장로님이,

"목사님 이 돈 꼭 필요할 때 쓰세요." 하며 돈을 주셨다. 나는 그 돈을 받으며,

"하나님 아버지가 세 번째 책 내는 것을 아주 기뻐하시는구나." 하며 마음이 뜨거워졌다. 그리고 세 번째 책 이름인 '내가 마침내 다 이루었다'라는 제목을 들었을 때 나는 황홀하기까지 했다. 첫 번째 책《내 맘이다 왜》, 두 번째 책《내가 해 주마 그때에》, 그리고 이번 세 번째 책《내가 마침내 다 이루었다》, 얼마나 멋진 제목들인가!

나는 이 세 권의 책으로 내 인생을 태어나게 하시고, 동행해 주시고, 마침내 다 이루어 주신 일들을 나누고 싶다. 내가 어떻게 인생을 살아왔는지 지금 어떻게 살고 있는지, 폼생폼사, 회칠한 무덤같이, 믿음 있는 척 기도하는 척, 거룩한 척하며 사람을 속이는 나를 하나님 아버지는 다 아시면서도 세 권이나 책을 쓰게 하셨다. 그래서 누구의 추천을 받아서는 안 되는 책이다. 왜냐하면 추천서를 쓰려면 칭찬하는 말을 써야 되는데 내가 그분에게 거짓말을 써 달라고 부탁하는 것이기 때문이다.

이런 사람을 이 책이 나오도록 출판 비용을 주시고 믿음의 교제와 사랑으로 대접해 주시는 김종기 장로님과 따님 김인실 장로님께 감사를 드린다. 그리고 세 권의 책을 내기까지 원고 정리와 타이핑, 표지 디자인을 해 준 정영섭 집사님과 이혜윤 집사님께 감사드린다.

또한 은퇴 후에 어디로 갈까 기도하던 나를 한국으로 와서 실버 미

니스트리 목사로 섬기며 일할 수 있도록 해 준 대광교회 권선형 담임 목사님과 장로님들, 그리고 매주 쓰는 나눔 칼럼을 디자인해 주는 강희원 목사님과 동역하는 목사님들과 성도님들께 감사드린다. 이 모든 분들이 주위에 있기에 이렇게 간증이 나올 수 있었다. 그리고 항상 기도와 건강을 챙겨 주는 아내와 우리 부부의 기쁨과 힘이 되는 두 아들 부부에게 감사와 사랑을 전한다.

이 책의 구성을 예수님 믿는 사람들의 만국 공통어인 아멘(AMEN)의 영어 알파벳 네 글자로 나누어 '첫 글자 A는 Agree with God's word로 하나님 말씀에 함께 아멘 합니다. M은 Move with God's word로 하나님 말씀을 아멘 하며 동행합니다. E는 End with God's word로 하나님 말씀을 아멘 하며 끝냅니다. 마지막 N은 Nice Give with God's word로 하나님 말씀을 아멘 하며 멋지게 이웃들과 나누며 살아갑니다.' 네 파트로 편집하였다. 끝으로 이 책 내용 중 다른 분들의 간증들이나 예화들을 소개하였음을 알려드리며 감사드린다.

2023년 5월 26일 결혼 50주년 기념
하나님이 줄로 재어 주신 강동 리엔파크 장막집에서

하나님 아버지!

"내 맘이다 왜"로 제가 지금까지 용서받고 살아오고 있습니다.

하나님 아버지께 사탄이, "아니, 저 녀석은 죄를

떡 먹듯이 짓는데 왜 보고만 계십니까?

왜 가만두십니까? 혼쭐을 내주셔야지요!" 할 때

하나님 아버지가 불꽃 같으신 눈동자로 사탄을 보며

"내 맘이다 왜! 내 아들 수명이는 나를 사랑한다.

나도 그를 사랑한다. 어쩔래?" 하십니다.

그때 사탄이 부들부들 떨며 분해 하는 모습을 상상해 봅니다.

하나님 아버지!

하나님 아버지의 때에 저를 미국으로 보내셨습니다.

하나님 아버지의 때에 저를 목사로 만드셨습니다.

하나님 아버지의 때에 저에게 천사를 보내 주셨습니다.

하나님 아버지의 때에 저에게 환상을 보여 주셨습니다.

하나님 아버지의 때에 저를 구렁이 이빨 사이에서

구해 주셨습니다.

하나님 아버지의 때에 저를 브라질로 보내셨습니다.

하나님 아버지의 때에 저를 조국 땅 한국으로

보내셨습니다.

하나님 아버지의 때에 제 이름을 부르시며

말씀을 주셨습니다.

하나님 아버지의 때에 돕는 사람들을 보내 주셨습니다.

하나님 아버지!

지금도 똑같이 해 주십니다.

저는 실패했습니다. 저는 망했습니다.

저는 날마다 죄를 짓고 삽니다. 저는 교만합니다.

저는 꿈이 없습니다. 저는 믿음이 자꾸 흔들립니다.

저는 절제를 못 합니다. 저는 포기합니다.

그런데 하나님 아버지가 마침내

저를 성공시키십니다. 저를 흥하게 하십니다.

저의 죄를 날마다 용서하십니다.

저를 낮추십니다. 저에게 꿈을 주십니다.

저의 믿음을 지켜 주십니다.

저를 절제시키십니다. 제가 포기하지 않게 하십니다.

그래서 하나님 아버지가

내 맘이다 왜!

내가 해 주마 그때에!

내가 마침내 다 이루었다! 하십니다.

하나님 아버지! 감사합니다. 아멘.

목차

A

M

E

N

Agree with God's word

하나님 말씀에 함께 아멘(Amen) 합니다.

하나님의 약속은 얼마든지 그리스도 안에서 예가 되니
그런즉 그로 말미암아 우리가 아멘 하여
하나님께 영광을 돌리게 되느니라 아멘.
(고린도후서 1장 20절)

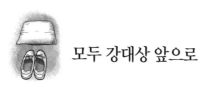

모두 강대상 앞으로

　며칠 전 젊은 시절부터 교회에서 피아노 반주로 헌신하셨던 분과 이야기를 나눈 일이 있었다. 이분에게 믿지 않는 사람들도 교회 이름을 말하면 다 알 만한 대형교회에서 예배와 부흥집회에서 반주를 하기까지 하나님 교회 강대상 앞에 있는 피아노 건반을 밤이 새도록 두드리며 연습에 연습을 거듭하였다는 소리를 듣는 순간 나는 예전에 미국에서 목회하던 지역 교회에서 일어난 한 사건이 생각났다.

　그때 미국 서부 도시 시애틀에 있는 한인 교회들 사이에 "홀로된 여인들은 모두 강대상 앞으로."라는 말이 있었다. 미국에서는 한국 사람들이 한인 교회를 시작할 때 미국 교회를 빌려 오후 1시나 2시에 주일 예배를 드린다. 한번은 시애틀 지역에서 한국 사람 10여 명이 모여 교회를 시작하였는데 그때 모인 사람들 중 남편이 일찍 떠나 혼자된 40

대 중반쯤 된 여자 한 분이 있었다. 이분이 어린 두 아들, 딸을 키우느라 밤낮없이 일하면서도 예수님을 잘 믿었다.

어느 날 새벽기도를 드리고 사람들이 다 떠난 후 십자가 밑에 나아와 기도하는데 갑자기 마리아가 예수님께 향유를 부어 발을 씻겨 드리는 모습을 환상 중에 보았다. 이분은 "나도 예수님의 발을 씻어 드리면 얼마나 좋을까…." 하는데 "교회 강단을 닦아라." 하는 음성이 마음속에 들려 그때부터 일을 마치고 집에 갈 때 매일 교회에 들러 강단과 강대상을 청소하며 찬송과 기도를 드리고 집으로 갔다.

하루는 미국 교회 장로님이 교회에 와 보니 웬 조그만 동양 여인이 찬송을 부르며 강단을 닦는 모습을 보았는데 얼마나 아름답게 보였는지 한눈에 쏙 그 여인의 모습이 들어왔다. 그래서 누군가 알아보았더니 교회를 빌려 예배드리는 한인 교회 여자 성도임을 알게 되었고 더 자세히 알아보니 혼자 사는 분임을 알게 되었다. 미국 교회 장로님은 나이가 60세로 직원 100여 명을 거느리는 중소기업 사장이었고 3년 전 아내를 먼저 하늘나라로 떠나보내고 외롭게 살고 있었다.

그날 이후 이 장로님은 그 여인을 잊을 수가 없어 자기도 매일 교회에 나와 멀리서 여인이 찬송을 부르며 청소하는 모습을 지켜보며 마음속에 사랑이 싹트기 시작했다. 얼마 후 이 장로님은 담임목사님을 통해 한인 교회 목사님을 만나서 그분에게 중매를 부탁하게 되었고 두 사람은 결혼해 가정을 이루었다.

하루아침에 한인 여성은 신분이 달라졌다. 사모님이 된 것이다. 좋은 저택에 캐딜락을 타고 모피 코트를 입고 다니게 되었고 미국 교회와 한인 교회 두 교회에 중요한 사람이 되었고 교회에서 아름답게 봉사하였다. 두 자녀도 좋은 환경에서 좋은 대학을 가게 되었다. 마치 성경에 나오는 보아스와 룻과 같은 축복을 받은 것이다. 그래서 그때 시애틀 한인 교회들 사이에서 "홀로된 여인들은 모두 강대상 앞으로."라는 말이 퍼졌던 것이다.

그런데 이 말은 홀로된 여인들만 아니라 믿는 모든 사람들이 외쳐야 할 외침인 것이다. 왜냐하면 우리말에 "눈앞에 사랑이라"는 말이 있듯이 하나님의 눈에 자꾸 보이면 다 되기 때문이다. 역대하 16장 9절 말씀에,

"여호와의 눈은 온 땅을 두루 감찰하사 전심으로 자기에게 향하는 자를 위하여 능력을 베푸시나니." 하셨다. 하나님의 능력은 없는 것을 있게 하시며 죽은 자를 살리신다. 그리고 진짜 축복은 받는 것만 아니라 지키고 보호를 받아야 되는 것이다. 그래서 하나님은 민수기 6장 23절에서 제사장들에게,

"너희는 이스라엘 자손을 위하여 이렇게 축복하라." 하시고 24절에서,

"여호와는 네게 복을 주시고 너를 지키시기 원하며." 하셨다. 이 말씀이 진짜 축복이다. 이제 하나님의 자녀들은 모두 강대상으로 달려가자. 감사하며 아멘.

그러니 기도해 주세요

지금 한국은 입시 철이 되어서 대학수학능력시험을 준비하는 자녀들은 무거운 마음으로 준비하고 있고 부모들도 힘든 시간을 보내고 있다. 또 대학을 나왔으나 취직이 안 되어 젊은이들이 낙망하며 방황하고 있다. 나는 이 모습을 보면서 이제는 장성해서 결혼하여 가정을 이룬 둘째 아들 부부에게 얼마 전에 있었던 일들이 생각났다.

지난 3월에 미국에 사는 둘째 아들이 전화로,

"아버지 지금 다니는 회사 그만두고 다른 회사를 가려고 해요." 하는 소리에 나는,

"아니 지금 회사가 어때서 그러냐. 남들이 못 들어가서 안달하는 회사를, 요새 취직하기가 얼마나 어렵냐. 있는 사람도 내보내는데, 그대로 다니지 그러냐." 하자 아들이,

"네, 회사는 좋아요. 그런데 다른 일을 해 보고 싶어요." 하길래 나는,

"기도하고 정해라." 하고 전화를 끊었다.

몇 주 후에 아들은 다니던 회사를 그만두고 다른 회사로 갔다. 그런데 두 달 만에,

"아버지 이 회사가 일이 너무 많아 밥 먹을 시간도 없어요. 돈은 많이 주는데 너무 힘들어요." 하더니 결국 3개월 만에 회사를 그만두었다. 나는 아들에게,

"그래, 어떻게 할 거냐." 했더니 아들이,

"제가 다니던 회사에 다시 가려고 서류를 넣었어요." 나는,

"아들! 그 회사가 너를 다시 받아 주겠냐." 하자 아들이,

"그러니 기도해 주세요." 하는 것이다.

우리 부부는 아들 전화를 받고 그때부터 3주간 오전 12시까지 금식하고 기도하면서 소식을 기다렸다. 아들에게도,

"너희들 요새 코로나 핑계 대고 교회 예배도 잘 안 드리고 하는데 회개하고 교회에서 예배 잘 드려라." 하자 아들이,

"요새 정미(며느리)가 주일에도 일할 때가 있어 혼자 예배드리기가 뭐해 집에서 드렸어요." 하는 소리에 나는,

"그럼 너 혼자라도 가서 예배드려야지, 그리고 정미 직장도 주일에 쉬며 예배드릴 수 있는 곳을 달라고 기도하자." 하였다.

우리가 기도하고 기다린 지 한 달 만에 아들이 다니던 회사에서 다시 일해 달라는 연락이 와 기도 응답에 감사드렸다. 그런데 언제 출근하라는 연락이 없어 나는 아들에게,

"왜 출근 날짜가 없냐." 하자 아들이,

"아버지 제가 회사에 지난번 받은 연봉보다 더 많이 달라고 해서 지금 조정 중에 있어요." 하는 소리에 나는,

"야! 너 지금 무슨 소리냐 회사에서 불러 준 것만도 감사하지, 돈을 적게 준다 해도 가야 되는데 더 많이 달라고 했단 말이야?" 하자 아들이,

"네, 그러니 기도해 주세요." 하는 것이다. 며칠 후에 회사에서 연봉을 더 올려 주고 출근하라는 연락을 받았고 지금 일하고 있다.

나는 둘째 아들을 생각하면 아빠로서 미안한 마음뿐이다. 고등학교 때 공부를 잘하고 학생회장으로 활동하다 졸업 후에 집을 떠나 대학 4년 동안 장학금을 받아 공부하는 동안 용돈 한번 준 적이 없었다. 오히려 고등학교 때 아르바이트를 해서 엄마 용돈도 주고 직장 다니면서 형이 공부하느라 은행 빚진 것을 10년 만에 다 갚아 주어 내 대신 아버지 노릇을 하였다.

그런데 이렇게 된 것은 아내가 하나님 아버지께 서원 기도한 것을 하나님이 들어주신 것이다. 아내가 하나님 아버지께,

"첫째 아들은 하나님께 드려 선교사가 되게 해 주시고, 둘째 아들은 돈을 많이 벌어 형을 물질로 돕고 형은 동생을 위해 기도하게 해 달라

고" 서원 기도한 것을 하나님 아버지가 그대로 들어주신 것이다.

얼마 전에 며느리도 주일에 쉬는 좋은 새 직장을 주셔서 주일에 둘이서 교회에서 예배드리고 와서는 전화를 할 때 나는 "너희들 이번에 하나님 아버지가 얼마나 너희를 사랑하시는가를 알았지. 하나님 아버지께 날마다 감사드리며 믿음으로 살아가야 한다. 그리고 너를 다시 불러 준 회사와 동료들에게 항상 감사하고 지금처럼 좋은 관계를 갖도록 해야 된다."라고 말했다.

우리 부모들은 자녀들에게 세상 사람들처럼,

"공부 잘해서 남 주냐. 좋은 대학 가야 좋은 직장 얻고 좋은 배우자 만나고 출세하는 거야." 하는 말로 양육하면 안 된다. 아이들이 왜 공부를 잘해야 하는지를 알려 줘야 한다.

나는 크리스천 자녀들이 모두 S.K.Y 대학에 들어갔으면 좋겠다. 그래서 멋있게 자기 분야에서 지도자가 되었으면 좋겠다. 그리고 '공부해서 남 주면' 좋겠다.

그러려면 무엇보다 자녀들을 위한 기도를 쉬지 말고 해야 한다. 그리고 매 주일 자녀들 이름으로 감사 헌금을 드려야 한다. 그래서 자녀들이 무슨 일을 결정할 때 "아버지 어머니 기도해 주세요." 하는 부모님께 기도 요청이 있도록 해야 한다.

잠언 3장 3~4절에서,

"내 아들아 인자와 진리(예수님)로 네게서 떠나지 않게 하고 그것을 네 목에 매며 네 마음 판에 새기라, 그리하면 네가 하나님과 사람 앞에서 은총과 귀중히 여김을 받으리라." 하셨다.

이 말씀이 자녀들에게나 우리에게 주시는 최고의 축복의 말씀 아닌가. 아멘.

기도 방석의 두 구멍

    내가 새벽기도 후 아침마다 기도하는 방 십자가 앞에는 무릎 꿇을 때 앉는 방석과 팔을 놓는 방석이 있다. 어느 권사님이 아주 예쁘게 수놓은 방석을 놓아 주어 늘 감사하고 기도하고 있는데 몇 주 전에 조그만 푸른 담요 한 장이 내 기도 방석 위에 놓여 있어 시리던 내 무릎을 따뜻하게 덮어 주고 있다. 누가 갖다 놓았는지 모르겠는데 추운 날씨에 따뜻하게 기도하시라고 한 따뜻한 마음의 선물이라 더욱더 감사하고 있다.

    방석에 대한 재미있는 에피소드가 있다. 내가 옛날 국민학교 시절 어머니가 결혼할 때 받은 다이아몬드 반지를 잃어버려 온 집 안을 구석구석 찾아도 찾지 못했는데 어느 날 집에 놀러 온 사촌 동생과 이야기하던 중 어머니가 늘 깔고 앉아 계시던 방석을 사촌 동생에게,

"바닥이 차니 이거 깔고 앉아라."하며 내어 주는데 무언가가 떨어져서 보니 그동안 애타게 찾던 반지였다. 방석 이음새에 반지가 끼어서 보이지 않았던 것이다. "등잔 밑이 어둡다."라며 기뻐하시던 어머니의 "내가 괜히 식모를 의심했구나." 하는 소리를 듣고 그때 나는 '사람을 함부로 의심하면 안 되겠구나.' 생각했다.

또한 브라질에서 목회할 때 하루는 호텔을 운영하는 안수집사님이 찾아와서,

"목사님, 교회 의자 방석을 새것으로 바꾸려고 여기 천 샘플을 가져왔습니다. 결정해 주세요." 할 때 나는,

"집사님 그러지 않아도 방석이 너무 오래되어 바꾸려고 견적을 받았더니 돈이 많이 들어서 기도 중이었는데 감사합니다." 하자 그는,

"목사님, 이 방석은 제가 직접 만들 겁니다." 나는,

"아니, 집사님이 직접 만들어요? 어떻게?"

"네, 제가 처음 이민 와서 옷 장사할 때는 하루 10시간씩 바느질했어요. 지금 시작하면 아마 한 달 정도 걸릴 겁니다." 하는 것이었다. 한 달이 지나 아주 두툼하고 편안한 방석을 교회 의자에 깔아 놓고는 나에게,

"목사님, 이 방석은 목사님 기도드릴 때 쓰시라고 특별히 만들었습니다." 하며 밤 색깔로 만든 방석을 선물해 주었다. 나는 그 방석을 브라질에서 10년 정도 쓰다가 한국으로 가지고 와서 지금은 집에 있는

의자 방석으로 쓰고 있다. 그런데 지난 토요일부터 그 방석을 다시 교회로 가져와서 기도 방석으로 쓰기로 했다. 그 이유는 요새 교회를 은퇴하고 나서 한국에 와서는 믿음 생활이 점점 후퇴하고 있고 기도가 형식적이 되며 진실한 삶의 회개가 안 되고 있기 때문에 다시 구원의 열정과 뜨거운 기도를 회복하고 싶어서 예전에 진실하게 기도하던 기도 방석 위에서 새로운 은혜를 만나고 싶기 때문이다.

기도의 왕이라 불리는 조지 뮬러 목사님에게 기자가,

"목사님은 나라의 지원도 받지 않고 어떻게 매일 그 많은 고아들을 입히고 먹이십니까?" 하고 물었더니 기자를 데리고 자기가 기도하는 방을 보여 주며,

"나는 매일 저 두 구멍으로부터 모든 것을 공급받고 있습니다." 하였다고 한다. 얼마나 기도를 많이 했으면 방석에 구멍이 났겠는가. 그러니 조지 뮬러 목사님이 구멍 난 방석에 앉아 "아버지!" 하고 부르면 하나님 아버지가 "알았다." 하시면서 필요한 것을 그때그때마다 안 보내 주실 수가 있겠는가.

역대하 7장 14절에서 16절에 하나님 아버지께서,

"만일 내 백성이 스스로 낮추고 기도하며 나를 찾고 악한 길에서 돌아서면 내가 하늘에서 듣고 그들의 죄를 용서하며 그들의 땅을 다시 축복해 주겠다. 내가 이제 이 성전을 주시하고 이곳에서 부르짖는 모든 기도에 귀를 기울일 것이다. 왜냐하면 내가 이 성전을 택하여 거룩

하게 하고 내가 영원히 경배를 받을 곳으로 삼았기 때문이다. 내 눈과 내 마음이 항상 여기에 머물러 있을 것이다." 하셨다. 얼마나 하나님 아버지가 우리를 용서하시고 축복하시려고 부르시는 마음이신가!

내가 쓰는 방석을 보니 처음에는 제법 두툼했던 것이 이제는 납작하게 되고 조금 낡아지긴 했지만 조그만 구멍 하나 보이질 않으니 하나님 아버지께서 데려가시기 전에 작은 구멍이라도 생기면 참 좋겠다고 생각하며 다시 엎드려 본다. 아멘.

쌍꺼풀 수술에 보톡스까지

지난주 월요일, 나는 왼쪽 눈 쌍꺼풀 수술을 받았다. 왼쪽 눈꺼풀이 내려와 눈을 덮어 수술을 했다. 내가 40년 전 한국에 있을 때 횃불사 출판사를 운영했다. 그때 큰돈을 벌 수 있는 좋은 기회가 찾아왔다. 문화공보부의 원고료 지원을 받아 한국 독립운동사 책 10권을 발간하게 되었고 책이 나오면 전국 국민학교와 중고등학교 도서관에 1질(10권)을 보내기로 했다. 다시 올 수 없는 좋은 기회라 지인과 친구에게 돈을 빌려 책을 출간했다. 그런데 책이 출간되어 문화공보부로부터 추천 도서 공문을 기다리는 중에 1979년 10월 26일 박정희 대통령의 갑작스러운 서거로 인해 하루아침에 망하게 되었다. 나라의 혼란과 장관이 바뀌면서 추천 공문을 받을 수가 없게 되었고 판매 길도 막혀 버렸다. 책은 산더미같이 창고에 쌓였고, 빚만 왕창 지고 살아갈 길이 없었다. 그때 나는 큰 충격을 받아 왼쪽 눈에 마비가 왔다. 그 후 집을 팔아 빚 정리를 하고 5,000불을 갖고 미국 이민을 가게 되었다.

미국에서 신학 공부를 하고 전도사로 교회를 개척하여 정신없이 교회 부흥만을 생각하며 달려갔다. 그리고 브라질에 가서 목회를 하던 중 어느 날 어떤 분이 전화로 "상파울루에 한국 TV 방송을 시작하려고 한다"면서 "먼저 기독교 연합회 회장님의 축하 인사말을 부탁한다"고 하고 약속된 날에 촬영 장비를 갖고 왔다. 그리고 녹화가 시작되었는데 내 왼쪽 눈이 막 떨리기 시작했다. 그분이 녹화하다 말고,

"목사님 눈이 너무 떨려 녹화가 안 되겠네요." 하며 "다음에 다시 하도록 하지요." 하며 가 버렸다. 나는 그의 말에 충격을 받았다. 그리고 나는 '내가 한 주간 동안 매일 새벽기도부터 주일예배까지 10번 이상 말씀을 전하는데 성도들이 내 눈 떨리는 모습을 보며 무슨 생각이 들었을까…' 하는 마음과 함께 그때부터 사람을 만날 때나 중요한 장소에서 말씀을 전할 때 눈 떨림 때문에 스트레스를 지금까지 많이 받고 있다.

한번은 안수집사 부부들과 점심을 하는 자리에서 나는,

"내가 이렇게 왼쪽 눈이 떨려 보기에 불편하지요." 하며 물었더니 그분들이,

"목사님 저희들은 모르겠는데요, 전혀 못 느꼈어요." 하며 "신경 쓰지 마세요." 하는 것이다. 나는 나의 연약함을 덮어 주는 그들에게 고

마음을 느꼈다.

한국에 와서 나이가 들면서 또 피로할 때는 눈 떨림이 더 심해지는 걸 느끼게 되어 병원에 가서 MRI를 찍어 보니 의사가 "왼쪽 머리 뒤, 뇌 밑에 있는 눈 시신경이 눌려 있는 것 같다"고 하며 수술을 권해서 예약을 하고 기도하던 중 수술한다는 것이 마음이 편치 않아서 일전에 수술 비용을 선교지로 보내고 수술 예약을 취소했다. 이것을 보신 하나님이 나에게 의사를 통해 보톡스라는 주사를 맞게 해 얼굴 주름도 없애 주시고 눈 떨림도 많이 나아지게 해 주셨다. 아내는 나에게,

"당신은 한국에 와서 쌍꺼풀 수술도 받고 얼굴 주름이 하나 없이 팽팽하네." 할 때, 옛날 미국에 있을 때 미국 사람들이 아내에게 "네 아버지냐?" 하는 이야기를 듣고 아내가 기뻐하는 모습을 보며, 내가 아내에게, "우리가 70세가 넘으면 같이 늙어 갈 테니 두고 봐." 한 말이 생각나서 속으로 웃었다.

나는 나의 눈 떨림으로 인해 몸이 불편한 분들이나 지체장애인분들의 마음을 조금은 이해할 수 있다. 그들이 다른 사람들의 시선을 받을 때 얼마나 힘들겠는가 하는 마음도 조금은 이해할 수 있다.

성경 고린도 후서 12장 7절에 보면 사도바울이,

"여러 계시를 받은 것이 지극히 크므로 너무 자고 하지 않게 하시려고 내 육체에 가시 곧 사단의 사자를 주셨으니 이는 나를 쳐서 너무 자고 하지 않게 하려 하심이니라." 하셨다. 나는 '이렇게 하나님이 인

정하시는 사도바울 같은 분도 몸의 장애를 갖고 사는데 나도 하나님
이 내 눈의 떨림 때문에 겪는 마음의 고통을 알고 계시겠지.' 하는 생
각으로 위로를 받고 있다. 아멘.

당신은 그만사인가 그찾사인가

두 주 전에 아파트 거실 소파에 앉아 커피를 마시며 푸른 하늘을 보니 가을이 벌써 다가온 것 같아 자전거를 타고 길동 꽃시장에 가 국화꽃 화분을 사 갖고 와 아파트 창문 앞에 놓아 보니 은은히 풍기는 국화꽃 향기가 내 마음을 기쁘게 한다. 그때 꽃 가게에 크리스마스 꽃인 빨간 포인세티아가 있어 하나 사가지고 집 현관문 앞에 놓으니 벌써 크리스마스가 기다려진다.

나는 포인세티아꽃을 보면서 얼마 전에 미국에 사는 사촌 누님이 보내 준 에셀 나무 동영상 글이 생각이 나 여기 간추려 소개해 본다.

에셀 나무는 이스라엘 남쪽에 있는 도시 브엘세바에서 많이 자라는 나무로 아브라함이 나이 100세 때에 심고 거기서 "영생하시는 하나님 여호와의 이름을 부르며" 여러 날을 지냈던 곳이다(창 21:33—34).

그런데 광야에는 로뎀 나무도 있고 싯딤 나무도 있는데 왜 아브라함이 에셀 나무를 심었을까?

브엘세바는 한여름에는 영상 42도까지 올라가는 살인적인 더위가 있는 곳으로 다른 나무는 살아갈 수가 없는 곳이라 에셀 나무를 심어 쉼터와 그늘을 만들었고 지나가는 나그네들에게 휴식을 취하게 했던 것이다.

그럼 에셀 나무는 어떻게 이런 지역에서 큰 나무로 자랄 수 있을까? 이 나무는 뿌리가 30m까지 뻗어 내려 땅속 깊은 곳에 있는 물을 먹는다. 나무 높이는 최대 15m까지 자라는 강인한 생명을 갖고 있다. 그리고 그 가지들과 잎은 큰 그늘을 만들어 사막의 오아시스 같은 역할을 한다.

또한 나무 이파리는 소나무잎같이 생겨 밤에 내리는 이슬과 염분을 먹은 후 아침 해가 뜨면 서서히 이슬이 증발하면서 사막의 열기를 10도 이상 낮추어 주어 더위에 지친 사람들에게 그늘을 만들어 쉬게 해 주는 기쁨의 나무이다.

아브라함은 하나님의 은혜를 만나고 나서 언제나 하나님이 말씀하신 "너는 복의 근원이다."라는 말씀을 잊지 않고 이웃에게 복을 주는 사람으로 살았다. 그래서 조카 롯과 헤어질 때도 먼저 "네가 좋은 땅을 선택하라." 하였다. 그때 조카 롯은 눈에 좋아 보이는 소돔과 고모라 땅을 택하고 떠났다(창 13:9—10).

이 세상에는 '그만사'의 사람이 있고 '그찾사'의 사람이 있다. 그만사의 사람은 아브라함처럼 '그늘을 만들어' 이웃에게 기쁨을 주는 사람이고 그찾사는 '그늘을 찾아' 자기나 쉬는 롯과 같은 사람이다. 그러니 예수 믿는 사람은 당연히 그만사의 사람이 되어야 한다. 그찾사의 사람이 되면 안 된다.

우리나라가 지금 이렇게 시원한 그늘에서 풍요롭게 쉬고 사는 것은 우리 조상들이 예배의 그늘, 기도의 그늘, 물질의 그늘을 만들었기 때문이다. 그런데 지금 우리가 아브라함의 조카 롯처럼 아브라함이 만들어 준 그늘을 버리고 세상 그늘로 자꾸 가 버리니 하나님의 복을 떠나는 것이다.

하루를 살면서 항상 생각할 것은 '나는 좋은 말과 미소로 그늘을 만들어 주는 사람이 되자'고 다짐해야 된다. 왜냐하면 말과 미소는 돈이 들어가는 것도 특별히 나를 희생하는 것도 아니지만 그 효과는 사람의 생명을 살리는 기적을 이루는 것이기 때문이다.

백화점 왕인 존 워너메이커는 미국에서 최초로 백화점을 시작하면서 직원들에게 "친절한 말과 미소는 돈이 안 들어가지만 돈을 많이 벌어 준다."라고 했다.

내가 사는 아파트 엘리베이터를 타면 양옆 벽면 거울 밑에 혜림교회, 성안교회 광고가 있고 앞면에는 대광교회 광고가 있다. 그래서 나는 "이 엘리베이터 타는 사람은 복 받았군." 하며 "하나님 아버지가 구원시킬 사람을 구원시켜 달라"고 기도한다. 교회들이 복음의 그늘을 만들어 준 것이다.

그런데 두 주 전에 엘리베이터 옆 코너에 알루미늄으로 만든 조그만 화분대에 포인세티아꽃과 국화와 넝쿨나무를 놓아 아주 예쁘게 만들어 놓았다. 엘리베이터를 타고 내릴 때마다 기분이 좋고 감사의 마음이 든다. 누가 그만사의 마음으로 한 것이다. 지금처럼 살기가 어렵다고 원망의 소리가 들려오는 때에 이렇게 원망보다 위로와 기쁨의 그늘을 만들어 주는 '그만사의 크리스천'이 되어 보자. 아브라함처럼 그만사를 택할 것인가, 롯처럼 그찾사를 택할 것인가는 자기의 선택이다. 아멘.

잘 받아 주는 것도 복이 된다

내가 미국과 브라질에 있을 때 아내에게,

"우리 한국에 가면 전도 많이 할 수 있겠다. 모두 한국 사람이고 한국말로 전도하니 얼마나 쉽겠냐." 하였는데 막상 한국에 와 보니 예전 같지 않아 전도하기가 쉽지 않은 환경이 되었다. 그래도 전도를 하고 싶어서 내 가방에 마스크가 함께 있는 교회 전도지를 넣고 교회를 오 갈 때나 자전거로 마켓을 오갈 때 전도하고 있다. 주로 40대 이후 된 사람들은 잘 받는 편이고 20대 이하는 거절당할 때가 많다. 그런데 전도지를 나누면서 깨달은 것이 있다. '잘 받아 주는 사람들'이 얼마나 감사하고 기쁜지 "주님 저들을 축복해 주세요." 하며 지나간다.

예전에 한국에 있을 때 좌석 버스를 자주 탔었는데 하루는 20대쯤 보이는 젊은 사람이 버스 안에서 열심히 장난감을 선전하였다. 하지만 사는 사람이 한 사람도 없었다. 좌석 버스 통로를 두 번 왔다 갔다 하는데도 아무도 사는 사람이 없었다. 그는 물건을 가방에 넣고는 옆에 자리가 있는데도 앉지 않고 서서 다음 정류장이 오기를 기다리고 있었다. 나는 그때 그의 뒷모습을 보며 '너무 안 되었다'는 생각이 들었다. 사실 저 나이에 버스 안에서 큰 소리로 물건을 사라고 하는 것이 얼마나 어려운 일인가, 얼마나 창피한 일인가, 그리고 드링크 한 병도 운전기사에게 투자했는데 말이다. 나는 젊은이를 불렀다.

"여보시오! 청년 그것 하나 주시오!" 나는 나도 모르게 큰 소리로 그 사람을 부르면서 1,000원을 내밀었다. 그는 얼른 물건을 주고는 고개를 끄덕하며,

"선생님, 감사합니다." 하는 것이었다. 그때 여기저기서 사람들이,

"나도 하나, 나도 하나." 하여 여러 사람에게 물건을 팔게 되었다. 모두가 사 주고 싶었는데 용기가 나지 않았던 것 같았다. 버스가 정류장에 도착하여 내리면서 나에게,

"선생님 감사합니다, 운전기사님 감사합니다." 큰 소리로 인사하고는 힘 있게 내리는 모습을 차창 밖으로 보니 표정이 밝았다. 가방을 꼭 쥐고 다음 차를 기다리고 있었다. 나는 '젊은이, 힘 있게 살게나.' 하며 속으로 기도했다.

미국의 어느 초등학교 6학년을 맡은 선생님이 자기 반에 어머니가 일찍 돌아가고 아버지는 술주정뱅이인 아이를 보고 그에게 관심을 갖

고 이것저것 잘 보살펴 주었다. 1년이 지날 때 아이가 아주 밝아졌고 공부도 잘했다. 크리스마스가 되어 아이들에게 선물을 받던 선생님에게 이 아이가 조그만 선물을 드렸다. 선생님이 선물을 열어 보니 반정도 쓰다 남은 향수병이었다. 그때 아이들이 "와." 하고 웃을 때 이 아이는 얼굴이 붉어지며,

"선생님, 이 향수병은 어머니가 네가 이다음에 사랑하는 사람을 만나면 주거라 하며 주신 선물이에요. 선생님께 드리고 싶어요." 할 때 선생님이 그 아이를 꼭 안아 주면서,

"감사하다, 감사해." 하며 눈물을 흘리자 평소 목욕을 안 해 냄새난다고 피하던 아이들이 모두들 그 친구를 안아 주며 함께 울었다. 그런데 놀라운 일이 생겼다. 이 아이가 의과대학을 졸업하고 사랑하는 여인을 만나 결혼하게 되자 선생님에게,

"선생님 제가 결혼하게 되었어요. 결혼식 할 때 제 어머님이 되셔서 제 부모님 자리에 앉아 주세요. 오늘 제가 이렇게 잘 자란 것은 저를 제 어머니처럼 받아 주시고 꿈을 갖게 하신 선생님 덕입니다. 감사합니다." 하는 편지와 결혼 청첩장과 비행기 표를 보내왔다. 더 놀라운 일은 이 아이의 결혼식 때 선생님이 주신 결혼 선물이 어렸을 때 아이가 선생님께 드린 향수병이었다. 선생님은 이 청년의 아내에게 선물을 주면서,

"내가 이 향수병을 안 쓰고 늘 보면서 이 아이에게 좋은 신부를 보

내 달라고 기도했는데 하나님이 이렇게 아름다운 신부를 주셨구나." 하며 전해 주어 그들에게 잊지 못할 추억을 남겨 주었다. 선생님이 아이를 사랑으로 잘 돌보아 주었고 아이가 잘 받아서 많은 사람을 구하는 의사가 된 것이다.

성경 말씀에서 순종이라는 말씀이 많이 나오는데 이 순종은 잘 받는다는 뜻이다. 그래서 살아 있는 믿음은 잘 받는 믿음인 것이다. 사무엘상 15장 22절에서 하나님 말씀을 잘 받아들이지 않는 사울 왕에게,

"사무엘이 가로되 여호와께서 번제와 다른 제사를 그 목소리 순종하는 것을 좋아하심같이 좋아하시겠나이까 순종이 제사보다 낫고 듣는 것이 수양의 기름보다 나으니." 하셨다. 순종이 제사보다 낫다는 뜻은 말씀을 잘 받아들인다는 뜻이다.

나는 요사이 거리를 다닐 때 사람들이 나누어 주는 광고지를 "감사합니다." 하며 받는다. 왜냐하면 내가 잘 받아 주면 나누어 주는 그들에게 큰 기쁨과 위로와 힘이 되고 나도 복을 받기 때문이다. 아멘.

나의 배려

나와 아내는 먹는 음식이나 취미가 같은 편이나 좀 다른 것은 나는 추위는 잘 참는데 더위는 참기 어려워 외출했다 집으로 오면 양말부터 벗는다. 그러나 아내는 나와 정반대다. 그래서 한 침대에서 잠을 잘 때 반 경계를 정해 아내는 여름에도 얇은 담요를 깔고 양말을 신고 자고 나는 시원한 깔깔이 천을 깔고 잔다. 그런데 얼마 전부터 아내 혼자 큰 침대에서 자게 하고 나는 내 방 바닥에서 매트리스를 깔고 자고 있다. 왜냐하면 아내가 잘 자도록 배려해 준 것이다.

아내는 내가 잘 때 코를 심하게 골아 못 자고 또 코를 안 골면 수면 무호흡증이라 놀라서 내 코를 잡고 나를 흔들어 깨워 놓고 못 자고, 한번 깨면 잠을 못 잔다. 나는 한번 누우면 바로 잠이 든다. 아내가 코를 잡아도 깜짝 놀라 깨고 다시 잠에 곯아떨어진다. 나는 밤에 화장실을 2번 이상 간다. 어떤 날은 3번도 간다. 화장실에 다녀와서 침대에 누우면서, "하나님 아버지 사랑하는 자에게 잠을 주셔서 잘 잡니다. 예수님 감사합니다. 성령님 함께해 주세요." 하면 바로 마취약을 먹은 것처럼 잠이 든다.

그런데 아내는 예민하여 화장실 불을 켜고 물을 내리는 소리에도 잠이 깨고는 잠을 못 자서 새벽기도에도 어렵게 일어날 때가 자주 있다. 그래서 나는 플라스틱 오줌통을 따로 준비해 내 방 베란다에서 일을 본다. 아내가 젊었을 때는 코 고는 소리를 들어도 조금 후에는 잠이 들었는데 확실히 나이가 들었나 보다. 그래서 내가 따로 자기로 결단한 것이다.

이런 소리를 쓰면 내가 아내를 위해 잘해 주는 것 같지만 아니다. 내가 결혼 이후 마음고생 몸 고생을 많이 겪게 해 미안하고 감사한 마음이 들어서 배려하는 것이다.

나의 이런 조그만 배려의 마음을 아신 하나님 아버지께서 선물을 주셨다. 지난 수요일에 아주 좋은 세라믹 소파를 주셨다. 내가 바닥에 매트리스를 깔고 자는 모습이 안쓰러우셨나 보다. 그뿐만 아니라 아내가,

"냉장고가 작아 양문 냉장고가 있으면 좋겠네." 했더니 아주 좋은 양문 냉장고를 주셔서 아내가 얼마나 좋아하는지 우리는 저녁 예배드릴 때,

"하나님 아버지 오늘 아주 좋은 소파와 좋은 냉장고를 주셔서 감사합니다. 그러나 이 물건들보다 하나님 아버지가 우리를 보시고 우리 소리를 듣고 계시는 것이 더 좋고 감사합니다." 하였다.

예전에 미국에서 교회에 나온 지 얼마 안 된 성도 가정을 심방했는데 예배 후 식사 자리에서 남자분이 냉장고를 가리키며,

"목사님, 제 아들이 첫 월급 받았다고 좋은 냉장고를 사 주었습니다!" 하고 아들 자랑을 하며 눈물을 글썽이고 기뻐하는 모습이 생각났다. 사실 그들 부부가 아들을 위해 그동안 들어간 돈이 얼마이겠는가. 냉장고 100대를 사 주어도 못 갚을 돈 아닌가. 냉장고 한 대 사 주었다고 그렇게 기뻐하는데 우리 하나님 아버지는 그냥 시시때때로, "하나님 아버지 감사합니다. 그냥 감사합니다." 하기만 해도 나를 보시고 기뻐하시고 내 말에 귀를 기울이신다. 그리고 이웃에게 조그만 배려만 해도 기억하시고 때가 되면 넘치도록 채워 주신다.

부부가 오랜 세월 살아가다 보면 좋은 면보다 나쁜 면을 더 많이 보게 된다. 이유는 눈에 낀 콩깍지 사랑의 유효기간이 끝났기 때문이다. 이때부터 부부는 서로에게 배려가 있어야 한다.

부부 싸움을 하면 누가 먼저 화해하는가? 남편이 먼저 하자 하나님 아버지께서,

"야, 저기 보아라. 저 녀석 참 멋있다 매력 있다." 하시며 그의 기도를 들어주신다. 남편이 먼저 화해하지 않으면 아내가 먼저 하자. 그러

면 하나님 아버지께서,

"야, 저 집은 아내가 먼저 화해한다. 참 예쁘고 아름답구나." 하시며 기도를 들어주신다. 두 사람이 서로 배려하며 화해하면 곱빼기 복을 주시고 두 사람이 화해 안 하면 곱빼기 손해가 온다. 어떻게 장담하는가? 내가 장담하는 게 아니고 하나님 말씀이 장담하신다.

베드로전서 3장 7절에,

"남편 된 자들아, 이와 같이 지식을 따라 너희 아내와 동거하고 저는 더 연약한 그릇이요, 또 생명의 은혜를 유업으로 함께 받을 자로 알아 귀히 여기라. 이는 너희 기도가 막히지 아니하게 함이니라." 하셨다.

어느 분의 글처럼 꽃은 활짝 필 때 아름답지만 시들어지면 사람들의 발에 밟힌다. 그러나 단풍잎은 땅에 떨어지면 사람들이 주워 자기의 책갈피에 넣고 즐거워한다고 했다. 이렇게 부부가 서로 배려하여 나이가 들어도 책갈피에 넣는 단풍잎같이 내 마음속에 담고 살아가자. 아멘.

실버가 라인댄스를…

내가 초등학교 다닐 때 우리 집에서 부모님 친구 10여 명이 모여 사교댄스를 배우는 것을 본 적이 있었다. 그때 나는 남자, 여자가 서로 손을 마주 잡고 춤을 추는 것을 보는 것이 싫어 그 시간에는 밖으로 나가 버렸다. 그때부터 나의 마음속에는 댄스라는 것이 불량하다는 생각이 들었던 것 같다. 그래서 브라질에 있을 때 이웃 나라 아르헨티나에서 집회가 있어서 갔다가 저녁에 식당을 갔는데 그곳이 아주 유명한 탱고 댄스를 하는 극장식당이었다. 나는 그곳에서 남녀가 서로 몸을 부대끼며 격정적인 탱고 춤을 추는 것을 보면서 역시 거부 반응이 생겼다.

그런데 이번에 우리 실버 미니스트리가 성탄 주일 오후에 하나님 앞에서 예수님 탄생을 감사드리는 찬양 잔치에 합창으로 〈주의 은혜라〉를 부르고 이어서 라인댄스를 추기로 했다. 그동안 코로나로 모이지 못했다가 지난 10월에 다시 모이려고 하니 예전에 참여했던 분들 중 하나님 나라로 가신 분도 있고 몸이 많이 약해져 걷기도 불편한 분들이 있어 나는 '얼마 안 모이겠구나.' 하였는데 의외로 새로운 분들이 많이 참여해 마치 천국 잔치같이 매주 목요일 모이고 있다.

나는 '성탄절 때 실버에서 무엇을 하나…' 하며 기도하던 중 마침 미국에서 오신 지영철, 이영란 집사님 부부가 교회에 등록하고 우리 실버 모임에 참석했는데 이분들이 나에게,

"목사님 우리 실버에서 라인댄스를 하면 어때요? 찬송가를 부르면서 댄스를 하면 운동도 되고 재미도 있어요." 하는 소리에 나는 순간적으로,

"댄스요?" 하며 내 마음에 거부 반응이 생겨 "라인댄스가 뭐예요? 남녀가 붙들고 춤추는 거잖아요?" 하자 지영철 집사님이,

"아니에요. 각자 자기 발 스텝을 라인을 따라 밟는 거예요."

"그래요? 그럼 한번 해 보지요." 해서 시작을 했다.

그런데 문제는 내가 도저히 따라 할 수가 없었다. 다른 분들은 3주쯤 지나자 스텝을 밟는데 나는 자꾸 틀리는 것이다. 강 목사님이,

"다른 분들은 잘 따라 하시는데 이 목사님이 자꾸 틀리네요. 이 목사님만 맞으면 되겠네요." 할 때마다 다들 좋아 죽겠다고 폭소를 터트렸다. 그때마다 나는,

"나중에 봅시다. 내가 제일 잘할 테니까!" 하며 큰소리쳤다.

12월에 들어서 나는 초조해져 '어떻게 하지.' 하다가 매일 새벽기도 끝나면 기도 방에서 이영란 집사님의 동영상을 보면서 따라 했다. 조금씩 나아지면서 재미가 붙었다. 그래서 새벽기도를 오가며 파란 신호등을 기다릴 때 라인댄스를 췄다. 지나가는 사람들이 힐끗 쳐다보기도 하지만 계속 입으로, "우리를 죄에서 구하시려 주 예수 십자가 지셨으니." 하며 앞으로 갔다 뒤로 갔다 옆으로 갔다 돌았다 하며 스텝 밟는 연습을 했다. 이제는 다른 사람들과 함께 잘할 수 있을 것 같다. 그리고 라인댄스가 운동도 되고 재미있어 댄스에 대한 부정적 생각도 없어졌다. 반복하는 연습 또 연습이 성공과 승리의 비결이다.

이와 같이 우리의 믿음도 마찬가지로 몸으로 연습해야 살아 있는 믿음이 된다. 낸시 피어시 사역자가 쓴 《완전한 진리》라는 책에서 우리 믿음의 목표는 진리를 말로만 전하는 것이 아니라 "몸으로 살아 내야" 한다고 했다.

디모데전서 4장 7~8절에서,

"오직 경건에 이르기를 연습하라. 육체의 연습은 약간의 유익이 있으나 경건은 범사(모든 것)에 유익하니 금생과 내생에 약속이 있느니라." 하셨다. 경건에 이르는 연습이 바로 몸으로 살아 내는 생활 신앙인 것이다. 이 훈련의 열매는 이 땅에서도 복을 받고, 죽은 다음에 천국에 가서도 상급을 받는 약속이 보장된 것이다.

세상 사람들이 예수 믿는 사람들에게 "너희들은 이 땅에서도 복 받아 살고 또 천국까지 가서 복 받겠다는 욕심쟁이 사람이 아니냐!" 하며 열을 내지만 우리는 오직 믿음과 경건의 연습으로만 영혼과 육신의 참 복을 받는 것을 믿는다. 아멘.

우산 양심

　내가 고등학교 때 내 친구 큰형이 비 오는 날, 식당에서 친구들과 늦게까지 술을 마시다 술집에 술이 떨어져 구멍가게에 가서 술을 사러 남의 우산을 쓰고 나갔다가 식당에 있던 우산 주인이 마침 지나가는 경찰에게 신고하여 경찰서에 끌려가 삼 일 만에 나온 일이 있었다. 그때 검사가 사건 경위를 듣고는 경찰에게 "뭐 이런 일로 사람을 삼 일 동안 가두어 두느냐"고 호통을 쳤다는 이야기를 들었다.

　우산 양심은 조그만 일, 하찮은 일에 대한 우리의 잘못된 습관들을 합리화시킨다는 뜻이다. 우리는 책을 빌려도 '안 돌려주어도 돼.' 남의 우산은 쓰고 가서 '안 갖다 놓아도 죄가 아니야.' '이런 것쯤은 갖다 써도 잘못이 아니야.' '나는 말을 직설적으로 하지만 뒤끝은 없어.' 하며 쉽게 생각하고 그대로 행하고 있는 것을 말한다.

예전에 우리가 가난하게 살던 시절 미군 부대에서 사용하던 스푼이 아주 인기가 있었다. 이 스푼은 미군 부대에서 일하던 한국 사람들이 밥을 먹고는 반납을 안 하고 자기 뒷주머니에 찔러 넣고 부대를 나오며 '이런 것들은 죄가 아니야. 식당에 쩨고 쩬 게(쌓이고 쌓이다의 준말) 숟가락인데.' 하며 아무 양심의 가책을 안 받고 갖고 나와 다른 사람들에게 자랑까지 하곤 했다.

이런 생각들이 교회 안에도 들어와 지금까지도 아무 생각 없이 습관같이 되고 있다. 무슨 물건을 쓰면 다시 제자리에 갖다 놓아야 되는데 그대로 가 버린다. 의자나 책상들을 자기가 필요해서 쓰고는 제자리에 갖다 놓지 않는다. 방에 불이나 냉난방을 켜고 나갈 때는 안 끄고 그대로 나가 버린다. 만일에 이런 일들이 자기 것이라면 따지고 싸우고 할 것이다. 그런데 '교회 것이니까 얼마든지 써도 돼.' 하는 잘못된 생각이 이런 낭비를 만든다. 오히려 교회 것이니까 더 아끼고, 감사하고, 바른 양심으로 사용해야 된다.

미국에서는 한국 교회들이 미국 교회 건물을 빌려 예배를 많이 드리고 있다. 그런데 점점 미국 교회들이 한국 교회에 건물을 빌려주기를 원치 않아 예배드릴 장소를 구하기가 어려워지고 있다. 그 이유 중 가장 큰 원인이 한국 사람들이 예배드린 후 뒷정리를 하지 않고 그대로 가기 때문이고 아이들이 교회 안에서 뛰고 발로 벽을 차고 하는 일들이 많아 계약 기간이 끝나면 다시 연장을 안 해 주는 것이다. 그래서 우리가 개척해서 미국 감리교회를 빌려 예배드릴 때는 매 주일예배 후에 음식 냄새를 없애고, 사용한 의자나 테이블을 제자리에 갖다 놓고, 주일 저녁에는 커다란 쓰레기 백을 밖에 있는 큰 컨테이너 통에 넣어 주는 등 세심하게 신경을 썼더니 3년 후 교회를 사서 이사할 때 미국 교회 교인들이 축하한다며 오피스 샤워(사무용품)를 해 주고 축하 카드에 많은 성도가 사인도 해 주어 서로 좋은 추억이 되었고 한국 교회의 부끄러움을 조금이라도 가리게 되었다.

교회는 세상의 도덕보다 더 한층 높은 도덕을 갖고 있다. 바로 거룩이라는 도덕이다. 그래서 제사장들이 하나님을 경배하러 나아갈 때 몸만 아니라 옷과 마음까지도 정결하게 하고 나아가야 죽지 않는 것이다.

예수님이 말씀하시는 마태복음 5장에서,

"너희는 세상의 소금이다. 너희는 세상의 빛이다." 하신 말씀이 바로 "우산 양심 같은 일에도 세상 사람같이 살지 않아 '역시 크리스천은 무언가 달라.' 하는 소리를 듣게 하여 사람들이 너희 착한 행실을 보고 하늘에 계신 하나님 아버지께 영광을 돌리게 하라는 것이라(마 5:16)"고 하신 것이다.

이 말씀이 세상의 도덕보다 더 높은 도덕을 말씀하신 것이다. 이와 같이 믿음의 사람은 우산 양심 같은 아주 조그맣고 사소한 일에도 '이런 일쯤 괜찮은 것 아닌가.' 하는 마음을 갖지 말아야 된다. 악(죄)은 모든 모양이라도 버리라(살전 5:22)는 말씀같이 우산 양심도 갖지 말아야 한다.

그러나 나도 모르게 습관을 따라 죄를 지을 때 '죄를 지었구나.' 하는 걱정과 두려움을 갖지 말고 예수님의 이름을 부르며 회개하며 죄사함의 은총을 믿고 감사하자. 이제 나 혼자의 사순절을 지내지 말고, 조그만 일에도 서로 이해하고 마음을 상하게 하지 말고 오히려 이웃에게 양보와 따뜻한 말 한마디로 기쁨을 나누는 것이 바로 예수님의 사순절을 지내는 마음이다. 아멘.

여호와 이레 실버 야외 모임

　지난 4월 중순에 내가 섬기는 교회에 실버 야외 모임을 24명이 다녀왔다. 교회 차량 3대에 나눠 타고 경기도 남한강과 북한강이 만나는 '두물머리' 근처에 있는 세미원을 다녀왔다. 식당에서 맛있는 식사를 하고 옆에 있는 세미원에서 1시간 정도 예쁜 꽃과 호수 옆을 걸으며 대화하고 사진을 찍고 재미있게 보낸 후 다시 1㎞ 정도 떨어진 '수수'카페에 들러 앞이 탁 트인 강과 운길산을 바라보는 순간 다들 "와~ 너무 좋네요." 하며 환성을 터트렸다.

　카페에 앉아서 차와 빵을 먹으며 기차가 지나가고 수상 보트가 물결을 헤치며 달려가는 모습을 보니 마치 외국 휴양지에 와 있는 기분으로 몸과 마음이 힐링 되었다. 그동안 코로나로 인해 야외 모임을 갖지 못했는데 이번에 모처럼 야외 모임을 갖게 되어 모두들 기뻐하며 감사했다.

수술 후 회복 중이신 몇 분은 아쉽게도 함께 가지 못했지만, 생각보다 많은 분들이 참여해 너무 기뻤다. 사실 이번 야외 모임을 위해 많은 분들이 간절히 기도했다. 왜냐하면 마땅한 장소가 정해지지 않아 애를 먹다가 한 주 전에 양평에 있는 세미원으로 결정했는데 마음에 차지 않았다. 그래서 하나님 아버지께,

"아버지 우리 실버가 오래간만에 모처럼 갖는 야외 모임인데 장소가 좀 빈약한 것 같아요, 어떻게 해요." 하며 기도했다. 그런데 지난 14일 브라질에서 오신 김 장로님과 점심을 같이하다가 실버 야외 모임 장소가 빈약한 것을 이야기했는데 따님 장로님이,

"양평에 전망 좋은 카페가 있는데 바람도 쐴 겸 가 볼까요?" 해서 '수수'카페라는 곳에 도착해서 강과 산을 바라보는 순간 나는 마음속에 '여기다! 이곳에 우리 실버가 오면 너무 좋아하겠다.' 하며 하나님 아버지께 손뼉 치며 감사드렸다. 그리고 지난 19일 강 목사님과 함께 답사를 와서 차와 빵도 먹어 보고 가격도 알아보고 결정하게 되었다. 그렇게 실버 모임 하루 전날 장소가 확정되었다.

그런데 문제는 날씨였다. 모두가 야외 모임이라 비가 오면 안 되기 때문에 또 기도했다. 떠나는 날 새벽기도 후 강 목사님이,

"목사님 오늘 양평에 비 예보가 있네요."

"그래요? 그래도 가야지요. 변경할 수 없지요. 비가 안 오기를 기도

합시다. 비가 안 올 거예요." 하였다. 우리의 기도를 들으신 하나님 아버지가 비도 안 오게 하셨고 태양 빛도 구름으로 가려 주셔서 덥지도 않게 해 주셨고 바람도 불게 하셔서 기분 좋게 쉬게 해 주셨다.

또 놀라운 일은 세미원 입장료 24명분 8만 원을 강 목사님이 결제하려는데 멀쩡하던 카드 단말기가 갑자기 고장이 나서 직원이 당황하던 중 계속 기다릴 수 없어서,

"우선 관람하시고 나갈 때 지불하세요." 하여 한 시간 동안 잘 관람하고 나와서 다시 결제하려는데 창구 직원이,

"전산이 복구가 안 됐습니다. 그냥 가세요. 우리는 나중에 통신사에 신청할 겁니다." 하여 입장료를 면제받았다. 어제는 강 목사님과 함께 답사를 와 창구 직원에게,

"우리 내일 20여 명이 올 예정인데 오늘 잠깐 안에 들어가 볼 수 있나요?" 했더니,

"안 돼요, 입장료 8,000원 내셔야 돼요." 해서 돈을 지불하고 들어가면서 아깝다는 생각을 했는데 오늘은 10배로 도움을 받았다. 세미원 관계자들에게는 미안했지만, 하나님께서 좋은 구경 공짜로 시켜 주신 것 같아서 참 놀랍고도 감사했다.

그리고 세미원 관람 후 카페로 출발하기 전 입구 밖 벤치에서 다 모이기를 기다리다가 강 목사님이 그곳에 현금이 많이 들어 있는 외투를 벗어 놓고 잊은 채 모두 카페로 갔다. 카페에서 두어 시간 정도 아

름다운 경치를 보며 차와 빵을 먹은 후 교회로 출발하려는데 그때서야 없어진 외투 생각이 나서 서둘러 세미원에 가 보니 그곳에 그대로 있어서 감사했다. 하나님께서 지켜 주신 것이다.

무엇보다 이번 모임에서 세 분 목사님들이 모두 예수님같이 아름답게 기쁘게 섬겨 주셔서 참여한 모든 분들의 마음에 기쁨과 감사가 가득 넘치게 해 주었다. 또한 이 모임을 위해 많은 성도들이 귀한 물질로 대접해 주어 부족함 없이 넉넉히 쓰게 되어 감사하며 축복해 달라고 기도했다.

이 모두가 여호와 하나님이 모든 기도하는 분들의 기도를 들으셔서 미리 준비해 주신 여호와 이레이시다. 하나님께서 우리 실버를 많이 사랑하시는 것을 체험한 하루였다. 아멘.

중보기도는 축복의 선물

요새 실버 몇몇 분들이 몸을 다쳐서 수술을 하고 회복 중에 있다. 물건을 들다 허리를 다치기도 하고 집 안에서 넘어져 다치고, 어떤 분은 길 가는데 개가 달려들어 개와 싸우다가 다쳐 병원에 있다. 내 아내도 한 달 전쯤 마산에 갔다 돌계단을 잘못 밟아 뒤로 넘어지는 바람에 멍이 들어 엑스레이를 찍어 보니 뼈는 이상이 없다고 하여 한의원에서 침을 맞고 부항을 뜨고 한 달간 치료를 하여도 낫지 않아서 정형외과에 가서 MRI를 찍어 보니 척추뼈가 내려앉아서 시술을 하고 지금 회복 중에 있다.

그런데 내가 놀라고 부끄러운 것은 대화 중에 모든 분들이,

"목사님 그래도 이만한 게 다행이에요. 주님이 지켜 주셨어요. 목사님이 늘 우리를 위해 중보해 주셔서 크게 안 다쳤어요. 주님 은혜이지

요." 하는 것이다. 사실 우리 부부는 지금까지 큰 병이 없었고 병원에 입원이나 수술을 한 적이 없어서 병들고 다친 분들의 아픔과 고통을 잘 알지 못한다. 그러니 아픈 사람 옆에서 간호하는 것이 얼마나 힘든 일인지도 모른다.

이번에 아내가 다쳐 집안일을 내가 직접 하다 보니 얼마나 일이 많고 힘든지를 알게 되었다. 이렇게 조그만 사고에도 아프고 간호하기가 힘든데 큰 병을 앓고 있는 분들의 고통을 어떻게 내가 알 수 있으며 평생 장애를 갖고 사는 분들과 간호하는 가족들의 생활은 상상할 수도 없을 것 같다.

내가 미국에서 전도사로 교회를 개척한 후 매 주일 밤, 우리 부부는 밤 10시쯤 성도들의 가게를 심방하였다. 조그만 성경 카드를 만들어 제일 멀리 사는 성도부터 시작하여 가게 앞에 말씀 카드를 붙여 놓고 기도하였다. 심방을 마치고 돌아오면 새벽 1시경쯤 되었다. 조금 눈을 붙이고 난 후 새벽기도를 인도하였다. 그런데 하나도 피곤하지 않고 오히려 감사와 기쁨이 넘쳤다. 왜 그럴까? 남을 위해 복을 빌어 주는 중보기도의 힘이기 때문이다. 그러나 브라질에서는 강도의 위험이 있어 그 일을 할 수가 없었다. 그래서 어떻게 하나, 기도 중에 하나님께서 마음속에 "네가 지금 성도들을 위한 새벽 심방을 하는 것이다." 하는 소리를 들려주셨다.

나는 그때 얼마나 감사했는지 그다음부터는 새벽에 "하나님 아버지, 지금부터 성도들을 새벽 심방합니다. 꼭 제가 부르는 이름을 기억하시고 그 성도들의 형편을 생각해 주시고 저와 함께 심방해 주세요." 하고 성도들과 가족들의 이름을 부르며 어떤 때는 소리를 크게 내기도 하고, 울먹이기도 하고, 감사가 넘치기도 하고, 마음이 아프기도 하고, 회개가 나오기도 하고, 찬송이 나오기도 했다. 지금도 이렇게 기도하고 있다. 그런데 놀라운 일은 기도 중에 어느 성도의 상점을 가 보고 싶은 생각을 주어 그날 방문해 보면 그 성도들이 놀라며,

"아니, 목사님, 어떻게 오셨어요? 그러지 않아도 오늘 목사님께 연락하여 기도 받으려고 했는데요." 하는 것이다.

이런 이야기가 있다. 어느 날 목사, 신부, 승려, 세 사람이 배를 타고 가다가 갑자기 바람이 불어서 배가 뒤집혀 죽게 되었다. 그때 한 청년이 조그만 보트를 타고 와서는,

"이 배에 한 사람밖에 못 타요. 한 사람만 구해줄 수 있어요." 하면서 세 사람에게 직업이 무엇이냐고 묻고는 목사에게,

"목사님, 여기 타세요. 목사님은 부인도 있고 아이도 있으니까 사셔야 돼요." 해서 살아났다고 한다. 배에 타고 보니 그 청년은 두 다리가 없었다. 목사님이 감사하다고 인사하자 그 청년이,

"제가 두 다리가 없어도 이렇게 자살하지 않고 사는 것은 부모와 형제들이 나를 사랑해서 힘들고 어려워도 늘 돌보아 주고 매일 내 이름을 부르고 기도해 주는 덕입니다." 하는 소리를 듣고 이 목사님은 평

생 아픈 사람들을 잘 돌보며 살았다고 한다. 누가 지어낸 말 같지만 깊이 마음에 새겨야 할 말이다.

야고보서 5장 15—16절에 보면,

"믿음의 기도는 병든 자를 구원하리니 주께서 저를 일으키시리라. 혹시 죄를 범하였을지라도 사하심을 얻으리라. 이러므로 너희 죄를 서로 고하여 병 낫기를 위하여 기도하라 의인의 간구는 역사하는 힘이 많으니라." 하셨다.

이 말씀의 중심은 믿음으로 회개하며 간구(특별히 구하는 기도)를 하라는 것이다. 그런 후 주님께 맡기고 믿음으로 기다리라는 말씀이시다. 의인의 간구는 역사하는 힘이 많다고 하셨으니 서로서로 믿음으로 기도하는 중보기도자임을 잊지 말자.

실버 카톡 방에서 중보기도를 부탁하면 "기도하겠습니다." 하는 사랑의 메시지들이 내 마음을 뜨겁게 하며 감사의 마음이 충만하고 큰 기쁨과 위로가 된다. 중보기도는 누구나 주고받을 수 있는 축복의 선물이다.

정말 중보기도는 하나님께서 모든 그리스도인들에게 주신 큰 선물이다. 우리 이웃을 위해 마음껏 줄 수 있는 선물이다. '무슨 선물을 할까, 혹시 선물이 너무 작아서 실망시키지는 않을까, 잘못 준 것은 아닌가.' 하는 걱정도 할 필요가 없다. 또 '선물을 주었는데 왜 감사가 없는가.' 하고 신경 쓸 필요도 없다. 나는 하루 중 새벽기도 시간이 제일 행복하다. 왜냐하면 하나님을 아버지라 마음껏 부를 수 있기 때문이다. 그리고 십자가 앞에 펴 놓은 중보기도 선물들을 보여 드리며 기도하기 때문이다. 아멘.

대접의 달인들

몇 주 전에 내가 형님같이 여기는 김종기 장로님의 두 따님 부부가 한국에 여행을 와서 반갑게 만났다. 두 사위 중 한 분은 브라질에서 크게 성공한 건축 사업을 하고 있고 다른 한 분은 변호사로 일하고 있다. 내가 브라질에서 목회하는 15년 동안 한결같은 마음으로 교회를 돕고 일해서 목회하는데 큰 기쁨과 위로를 주던 분들로 잊을 수 없는 좋은 추억을 생각하며 지금도 감사와 중보기도를 하고 있다.

특히 건축 사업을 하는 한 집사님은 '대접의 달인' 같은 분으로 언제 어디서나 먼저 대접을 한다. 그런데 이분이 이렇게 대접하는 은사는 그의 아버지와 장인어른으로부터 영향을 받은 것 같다. 내가 미국 목회에서 선교 목회로 브라질에 도착해 각 가정들을 심방할 때 한 집사님 아버지를 심방하게 되어 시간 약속을 하고 살고 있는 아파트에 도착하여 차에서 내리는데 한 집사님 아버지가 아파트 정문에 내려와서 영접하는 모습에 감동과 충격을 받았다.

보통 가정이나 회사에 심방하면 집 안이나 사무실에서 만나게 되는데 아파트 입구에 나와 영접하며 함께 엘리베이터를 타고 집으로 가서 예배를 드렸다. 예배가 끝난 후 그는,

"목사님 오늘 이 상파울로에서 제일 좋은 식당으로 모시겠습니다." 하여 나는 속으로 '으리으리한 고급 레스토랑으로 가는가 보다.' 하며 따라가 보니 아주 오래된 브라질 전통요리를 하는 슈라스까리아(브라질 전통 식당)이었다.

그런데 또 놀란 것은 그 식당에 들어가면서 모든 일하는 종업원들에게 겸손하게 브라질 말로,

"보아 따르지, 오브리가도!(좋은 점심이군요, 감사합니다!)" 인사하며 일일이 돈을 주는 것이다. 그날 2층에서 매니저와 종업원들의 극진한 대접을 받으며 나는 속으로 '정말 브라질에 오기를 잘했구나, 하나님 감사합니다.' 하였다. 그분의 아들인 한 집사도 가는 곳마다 팁을 주는데 어떨 때는 지갑에서 돈도 세지 않고 그냥 몇 장 꺼내 주기도 하는 것을 볼 때마다 나는 '역시 큰 사업가는 돈을 제대로 쓸 줄 아는구나.' 하고 생각했다.

이런 추억이 생각난다. 10여 년 전에 한 집사님이 마나우스 제일 중심가에 큰 쇼핑센터와 아파트를 지을 때 내가 가서 착공 예배를 드리

고 보니 어마어마한 공사를 시작하길래 내가,

"영남 집사, 내가 보니 이 일은 하나님이 해 주시지 않으면 안 되겠네요. 매일 같이 이 공사장을 한 바퀴씩 믿음으로 걷고 하나님께 무엇을 해 드리겠다고 서원 기도하고 꼭 지키도록 하세요. 이 일이 하나님을 기쁘게 대접하는 일입니다." 하였다.

그 후 그는 약속대로 공사장을 믿음의 발걸음으로 돌며 서원 기도한 일을 이루어 드려 수많은 난관을 거쳐 완성하였다. 그리고 이번에 함께 한국에 온 장로님의 막내 사위인 이 변호사도 교회에서 기도원과 대외 행정을 맡아 지금도 수고하는 분으로 역시 대접을 잘하는 분이다.

또 한 분 대접의 달인은 내가 한국에 와서 고덕동에 삶의 터전을 잡고 생활할 때 나보다 1년 먼저 한국에 오신 김 장로님(브라질 대한교회 개척)으로 사랑의 대접을 받고 믿음 안에서 교제하고 있다. 한국에 사는 효성이 지극한 따님이 아버지와 우리 부부를 내 형편으로는 가볼 수 없는 아름답고 좋은 식당에서 늘 대접을 하고 있다.

김 장로님은 미국에 있을 때 연세 드신 성도들을 경치 좋은 곳에 모시고 다니고 브라질에서도 교회 성도들과 바닷가나 온천에서 대접한 대접의 달인이신데 한국에서도 따님과 함께 교회 성도들을 늘 대접하신다.

마태복음 6장 33절에서 예수님은,

"너희는 먼저 그의 나라와 그의 의를 구하라. 그리하면 이 모든 것 (구한 것과 구하지 않은 것)을 너희에게 더하시리라." 하신 말씀과 마태복음 7장 12절에서,

"그러므로 무엇이든지 남에게 대접을 받고자 하는 대로 너희도 남을 대접하라. 이것이 율법이요, 선지자니라." 하신 말씀을 믿고 믿음으로 생각하고, 믿음으로 판단하고, 믿음으로 구하고, 믿음으로 기다리는 것이 바로 하나님을 대접해 드리는 일이요, 최고의 대접의 달인이신 하나님은 크고 비밀한 일로 우리를 대접하실 것이다. 아멘.

Move with God's word

하나님 말씀에 아멘(Amen) 하며 동행합니다.

보라 처녀가 잉태하여 아들을 낳을 것이요
그의 이름은 임마누엘이라 하리라 하셨으니
이를 번역한즉 하나님이 우리와 함께 계시다 함이라 아멘.
(마태복음 1장 23절)

사랑의 편지 찬송가

몇 년 전, 우리 부부는 매일 새벽기도 후, 하나님이 우리에게 주신 장막 집 앞을 걸어서 감사기도하고 집으로 왔다. 시간은 40분 정도 걸렸다. 집으로 오면서 찬송가와 복음송 일곱 곡이나 여덟 곡을 부르며 왔다. 복음송은 그동안 실버 미니스트리 합창단에서 불렀던 〈원하고 바라고 기도합니다〉, 〈주의 은혜라〉, 〈험한 십자가 능력 있네〉, 〈하나님 이 가정을 축복하소서〉, 〈주님만을 섬기리〉, 〈반드시 내가 너를 축복하리라〉, 그리고 찬송가 〈나 같은 죄인 살리신〉, 〈너 하나님께 이끌리어〉를 부르면 집에 도착했다.

이렇게 찬송을 부르면서 횡단보도를 건널 때 차 운전하는 사람에게 엄지손가락을 세우고 감사 표시도 하고 때로는 앞서가는 사람이나 마주 오는 사람이 있으면 그들이 들을 수 있도록 더 크게 불렀다. 찬송으로 예수님을 전하고 싶기 때문이다.

정말 찬송가나 복음송은 성령님의 감동으로 만들어졌다. 왜냐하면 전혀 모르는 곡이라도 몇 번 부르면 누구나 따라 부른다. 그래서 옛날 할머니들이 갖고 다니는 찬송가는 악보는 없고 큰 글씨만 써 있는 것을 볼 수 있다. 그런데 우리나라만 그런 줄 알았더니 브라질 사람들도 악보 없이 가사만 있는 것을 보았다. 어느 날 브라질인 지교회에 찬양대 악보 책을 보니깐 가사만 나와 있는데 그렇게 화음을 잘 맞춰 노래를 부르는 걸 보고 얼마나 신기했는지 모른다.

특히 찬송가는 가사가 모두 신앙 고백이요, 기도인 것이다. 어느 분이 기도가 어려워 못 하겠다고 은혜롭게 기도하는 분에게, "기도 잘하는 비결이 무엇이냐?"라고 물으니깐 그분이 자기는 "찬송가 가사를 묵상하며 기도한다."라고 말했다고 한다.

그런데 찬송가 가사는 기도만 아니라 '질문과 대답, 간구와 응답'이 함께 있는 은혜로운 설교 말씀이다. 그래서 우리가 박수 치며 큰 소리로 찬송을 부를 때 너무 감정적으로 부를 때가 있기 때문에 찬송가 가사를 깊이 생각하며 내 마음으로부터 울려 나오는 찬양을 드리지 못할 때가 많이 있다.

그럼 어떻게 찬송을 불러야 하나? 우리가 부르는 찬송가 오른쪽 위에 보면 아라비아 숫자가 조그맣게 쓰여 있다. 이 숫자가 무엇을 말하는지 모르는 성도가 의외로 많이 있다. 그런데 이 숫자는 찬송을 부르는 데 매우 중요하다. 특히 질문과 응답의 찬송을 부르려면 이 숫자를 잘 보아야 한다.

예를 들면 찬송가 96장 〈예수님은 누구신가〉을 보면 오른쪽 위에 숫자가 878787로 되어 있다. 이 숫자는 찬송가 가사가 8자와 7자로 되어 있다는 뜻이다. 먼저 1절에서 4절 첫마디에 "예수님은 누구신가"가 여덟 글자로 되어 있고, 그다음 일곱 글자 여덟 글자로 배열되어 있다. 그래서 찬송가의 이런 배열의 구조를 알고 부르면 뜨겁게 부를 수 있다. "예수님은 누구신가" 부르면서 내 마음이 하나님께 질문을 할 때 놀라운 것은 하나님이 친히 대답해 주신다.

"우는 자의 위로와 없는 자의 풍성이며, 천한 자의 높음과 잡힌 자의 놓임 되고, 우리 기쁨 되시네. 약한 자의 강함과 눈먼 자의 빛이 되며, 병든 자의 고침과 죽은 자의 부활되고, 우리 생명 되시네. 추한 자의 정함과 죽을 자의 생명이며, 죄인들의 중보와 멸망자의 구원되고, 우리 평화 되시네. 온 교회의 머리와 온 세상의 구주시며, 모든 왕의 왕이며 심판하실 주님 되고, 우리 평강 되시네." 하시는 하나님의 대답을 들을 때 우리는 기쁘게 되고 죽은 생명을 살게 해 주신 예수 그리스도의 이름을 굳건히 믿고 이 찬송을 부르며 지금 우리가 겪고 있는 고난을 이기고 승리할 수 있는 것이다.

찬송가는 노래가 아니다. 예수님과 나 사이에 사랑의 편지요, 애가다. 이 사랑을 허락하신 하나님의 선물이시다. 아멘.

크리스천이 부자가 되면 좋은 이유

요사이는 없어진 풍습이지만 옛날에 가난한 시골집에서 임산부가 해산을 할 때 집에서 그냥 아기를 낳았다고 한다. 산모가 진통을 하면서 아기가 안 나올 때 동네 할머니들이 그곳에 돈을 한 뭉치 갖다 놓으면 아기가 그 돈을 보고 빨리 나온다고 하는 우스운 이야기가 있었다고 한다.

20여 년 전 삼성경제연구소에서 '부자 되면 좋은 이유'라는 글을 발표했다. 그 내용을 보면 다음과 같다.

첫째: 똑똑한 사람을 쓸 수 있다. 예전에 정주영 회장이 어떤 인터뷰에서 나는 배운 것이 없지만 대신 공부 많이 한 각 분야의 박사들을 거느리고 있다고 했다.

둘째: 사람들이 많이 모인다. 부자가 되면 나누어 줄 수 있기 때문에 사람들이 많이 모인다.

셋째: 사회의 지도층이 된다. 박정희 대통령 시절에 초대 일본 거류민 단장을 지낸 강계중 단장이라는 분은 공부는 많이 못했지만 일본 암흑세계에서 돈을 벌어 한국에 와서 군부대에 오토바이 1,000대를 기증하고 그 외에 사회 지도자로 많은 활동을 했다.

넷째: 멘토로서 많은 사람에게 돈을 벌 수 있는 방법을 조언할 수 있다. 워런 버핏 같은 사람은 식사 한 번 하는 데도 몇만 불씩 받고 투자 방법을 이야기해 준다.

다섯째: 노후를 아름답게 보낼 수 있다. 은퇴 후에도 인생을 잘 설계하여 살 수 있다.

여섯째: 가족에게 안정과 행복을 줄 수 있다. 자녀들에게 좋은 교육을 제공해 주고 가족과의 좋은 추억을 만들 수 있다.

일곱째: 자신의 꿈을 실현할 수 있다. 많은 사람들이 꿈을 꾸지만 그 꿈을 이룰 수 있는 것은 부자가 되면 쉽다.

여덟째: 당당해지고 자신감이 생긴다. 주는 자의 입장이니까 눈치 안 보고 자신의 일을 할 수 있다.

나는 예전에 앞에서 말한 강 단장을 박정희 대통령께서 청와대로 초청했을 때 그가 택시를 타고 들어가자 정문에서 비서실에 연락도 안 해 보고 못 들어간다고 해 그냥 돌아왔더니 조금 후에 죄송하다는 말과 함께 차를 보내겠다고 할 때,

"아닙니다. 택시 타고 들어갈 겁니다." 하여 다시 택시 타고 들어갔다고 자랑삼아,

"청와대에 택시 타고 들어간 사람은 나밖에 없을 것입니다." 하며 이야기하는 것을 사석에서 몇 번 들은 일이 있다. 나는 이 말을 들을 때마다 '저분은 개같이 벌어서 정승같이 쓰라는 우리 속담처럼 돈을 귀하게 쓰는구나.' 하고 생각했다. 성경 잠언 22장 29절에도,

"네가 자기 사업에 근실한 사람을 보았느냐. 이러한 사람은 왕 앞에 설 것이요, 천한 자 앞에 서지 아니하리라." 하셨다.

그런데 20여 년이 흐른 지금 한국 사람들 생각 속에 부자가 되면 좋은 이유가 주로 육신의 즐거움과 남들의 눈치를 보고 남들에게 과시하기 위한 것으로 바뀌었다는 것이다. 그래서 돈이 되는 일이라면 거리낌 없이 법을 어기고 사람도 죽이는 무서운 세상이 되었다.

앞에서 말한 부자가 되면 좋은 이유 중 우리 크리스천들에게는 마지막에 '물질로 죽어 가는 영혼들을 구원하여 하나님을 기쁘시게 해 드린다'는 말을 꼭 해야 될 것이다. 이것이 부자가 되는 가장 첫 번째요, 마지막 이유가 돼야 할 것이다.

그래서 전도서 말씀에서 믿음으로 사는 사람을 위로하시고 축복해 주시는 통쾌한 말씀이 선포된다. 전도서 2장 26절에,

"하나님이 그 기뻐하시는 자에게는 지혜와 지식과 희락을 주시나 죄인에게는 노고를 주시고 저로 모아 쌓게 하사 하나님을 기뻐하는 자에게 주게 하시나니 이것도 헛되어 바람을 잡으려는 것이니라." 하셨다.

결국 악한 일로 떼돈을 벌어 자랑하고 으스대지만 그 돈은 하나님이 기뻐하시는 자에게와 하나님을 기뻐하는 자에게로 줄 것이니 하나님 없이 번 재물과 성공은 다 헛된 것이라는 말씀이시다.

예수님께서 누가복음 16장 9절에서,

"내가 너희에게 말하노니, 불의의 재물로 친구를 사귀라. 그리하면 없어질 때에 저희가 영원한 처소로 너희를 영접하리라." 하셨다.

예수님은 우리에게 자신의 생명을 주셨다. 정말 예수님을 진실하게 믿으면 하나님이 기뻐하시는 자가 되고 하나님을 기뻐하는 자가 되어 나에게 필요한 것을 구하는 것보다 더 주시고 내가 받은 것으로 죽어가는 자들의 영혼을 살리는 데 쓰게 되니 얼마나 신나는 일인가. 아멘.

쓰나미 세상

요새 우리나라 사람들의 사는 모습을 보면 마치 지진이나 해일로 인해 밀려가는 쓰나미를 만난 것처럼 휩쓸려 가고 있다. 아파트 쓰나미, 명품 쓰나미, 막말 쓰나미, 주식 쓰나미, 자살 쓰나미, 분노 쓰나미 그리고 맛있는 음식점 찾아가는 식탐 쓰나미 등등 모든 것이 쓰나미이다.

사람이 태어나서 같은 환경에서 성장할 때 달려가는 사람이 있고 밀려가는 사람이 있다. 달려가는 사람은 목표가 있는 사람이고 밀려가는 사람은 목표가 없는 사람이다. 과연 달려가는 사람이 많을까, 밀려가는 사람이 많을까? 밀려가는 사람이 훨씬 많다. 유행이 무엇인가? 달려가는 사람을 쫓아 밀려가는 사람들을 많이 만드는 것이다. 밀려가는 사람은 왜 내가 그것을 가져야 하는지, 왜 나에게 그것이 필요한지, 그것이 나에게 어울리는지 내 형편에 맞는 것인지 그 이유를 생각하지 않고 남들이 하니깐 한다.

신약 성경에 나오는 사도 바울은 예수님을 만나기 전에는 세상이 부러워하고 갖기 원하는 뛰어난 학문, 신앙의 가문, 모든 사람이 갖기 원하는 로마 시민권을 갖고 있으면서도 세상 속에 밀려다녔다. 그런데 그는 예수님을 만나고 나서는 뒤에 있는 것은 잊어버리고 주님을 따라가는데 마치 내일 죽는 사람처럼 살아간다. 그런데 이상한 것은 바울은 "항상 기뻐하라. 쉬지 말고 기도하라. 범사에 감사하라." 하면서 살아간다. 어떻게 이렇게 될 수 있을까?

그 이유는 진짜를 손에 쥐었기 때문이다. 그리고 이 진짜는 하나님이 주시는 상이라는 걸 알았다. 우리는 진짜와 가짜가 있으면 두 번 생각할 것 없이 진짜를 갖는다. 또 진짜를 갖고 있는 사람은 가짜를 갖고 다녀도 주눅이 들지 않는다.

어느 목사님 부부들이 모인 자리에 어떤 사모님이 아름다운 진주 목걸이를 하고 나왔다. 그때 목사님들이 이구동성으로,

"사모님, 그 목걸이 진짜 같군요." 하니 이 사모님이,

"정말 진짜 같지요? 하지만 가짜예요." 하면서 표정이 아주 밝았다. 그때 한 목사님이,

"우리가 사모님께 농담했는데, 오히려 사모님은 즐거운 표정을 하시네요." 했더니 사모님이,

"진짜는 집에 있거든요. 목사님이 결혼 예물로 준 것이라 중요한 자리에만 걸고 나가요."라고 하였다.

그렇다. 만약 이 사모님이 진짜 목걸이가 없었다면 목사님들이 "진짜 같군요." 할 때 얼마나 부끄럽게 느꼈을까. 그러나 진짜가 있기에 하나도 창피하거나 속이 상하지 않고 오히려 목사님들의 농담에 여유를 갖고 즐거운 표정을 지을 수 있었다.

사도바울이 외친 빌립보서 3장 8절에서 14절 말씀을 정리해 보면, "그리스도 예수를 아는 지식이 가장 고상함이라 그래서 나는 내가 자랑하던 세상 것을 다 버리고 오직 그리스도 예수께 잡혀서 하나님이 위에서 부르신 상을 받으려고 좇아가노라." 하셨다.

나는 40세 전까지 꿈이 없었다. 그저 밀려가는 인생이었다. 그러다 미국에 가서 신학교에 입학한 후 밀려오는 공부와 탈락이라는 위기 때문에 주님을 간절히 찾다 진짜이신 예수님을 만난 후 꿈이 생겼다. 그리고 주님을 좇으면서 반드시 '내가 알지 못하는 크고 비밀한 일로 응답'받는다는 약속을 체험하며 살고 있고 더욱 놀라운 일은 세상의 쓰나미에 휩쓸려 가지 않게 해 주신다는 것이다. 그러니 구원받은 우리는 진짜이신 예수님이 우리를 이끌어 주시니 세상의 가짜에 휩쓸려 가지 않기를 기도하며 주님의 은혜 안에 살아가자. 아멘.

태도, 태도, 태도

나는 미국에서 15년, 브라질에서 15년을 살았는데 너무 부끄러운 것은 영어도 포르투갈어도 제대로 하지 못하는 것이다. 왜냐하면 이민으로 간 한국 사람들이 대부분 미국 사람이나 브라질 나라 사람들과 깊이 사귀지를 못하고 장사하는 데 필요한 언어 정도를 알고 또 한국 사람들끼리 서로 만나 한국말만 하다 보니 현지 말을 배우고 사용할 기회를 별로 가지지 못했기 때문이다.

이런 내가 미국 신학대학에 들어가 공부를 한다는 것이 기적 같은 일이었다. 그것도 40 중반이 된 나이니 제정신이 아닌 것이다. 그때 마침 내가 살던 지역에 성결교회 이창규, 이대규 형제 목사님들이 있어 그분들의 도움으로 그들이 다녔던 역사가 있는 미국 신학대학을 조건부로 입학하여 공부하게 되었다. 조건부라는 것은 미국 학교에 들어갈 때 필요한 영어 실력인 토플(TOEFL) 성적을 입학 후 제출하는 약속을 한 것이다. 만약 토플을 내지 않으면 졸업이 안 되어 학위를 못 받고 수료가 되는 것이었다.

그런데 막상 미국에서 살면서 공부하고 일하고 주말에는 교회 일을 하다 보니 토플 시험은 준비도 못 하고 매일매일 고된 생활이었다. 그래도 어려운 가운데서 매일매일 새벽기도로 하나님 아버지를 부르며 매달렸다. 그때 내 마음속에 목회학을 가르치는 바나바와 같은 인자하고 신사 같은 에드워드 박사님이 강의할 때마다 손뼉을 치며 "Attitude, Attitude, Attitude." 세 번을 외치는 모습이 떠올랐다. Attitude라는 말은 '태도'라는 뜻이다. 에드워드 목사님이,

"목사는 태도가 제일 중요합니다. 목회는 하나님 앞에 어떤 태도를 갖느냐, 사람들에게 어떤 태도를 갖느냐가 목회의 중심이 되어야 합니다." 하며 매번 강의 때마다 강조한 말이 생각났다.

그래서 나는 '그래, 내가 이 학교에서 공부를 잘 마치고 졸업하는 길은 실력만이 아니라 나의 태도가 중요해.' 하며 4가지를 스스로 다짐하며 지켰다.

첫째: 결석하지 말자.

둘째: 제일 앞자리에 앉자.

셋째: 숙제는 배로 하자.

넷째: 나는 아무 문제가 없다고 하자.

결국 남들은 2년이면 마치는 공부를 나는 5년 만에 졸업하여 석사학위를 받았다. 내가 학교에 약속한 토플을 제출하지 못했는데 교수회의에서 그동안 내가 공부한 태도와 성적을 보고 만장일치로 졸업을 시켜 준 것이다.

내가 브라질에서 목회할 때 수요 밤 예배 때는 안수집사님들이 돌아가며 예배를 인도하고 대표 기도를 하게 했다. 그런데 안수집사님 중 한 분은 어릴 때 브라질 아마존 입구에 있는 마나우스라는 동네에서 살아 한국말은 인사 정도만 하는 집사님이 있었다. 이분이 자기 기도할 차례가 오면 아내에게 기도문을 써 달라고 하여 그것을 호주머니에 넣고 다니며 시간 날 때마다 읽고 하며 기도 연습을 하였다. 한번은 그들 부부와 함께 식사를 할 때 그는 나에게,

"목사님 지난 수요일 기도는 아내 앞에서 10번이나 연습하고 기도한 겁니다." 하는 것이었다. 그때 나는,

"한 집사님, 주님이 집사님을 보시고 아마 천사들에게 '보아라 저가 나에게 기도하기 위해 얼마나 열심을 내며 준비하는 태도를.' 하였을 겁니다." 하였다. 한 집사가 비록 떠듬떠듬하는 말로 기도했을지라도 주님의 크신 귀에는 천둥같이 울렸을 것이다.

마태복음 8장에 보면 한 백부장이 주님께 나아와,

"내 하인이 중풍병으로 괴로워합니다. 주님 고쳐 주세요." 할 때 예수님께서 백부장이 종을 사랑하는 마음을 보시고,

"내가 가서 고쳐 주리라, 가자." 하실 때 백부장이,

"주님이 어떻게 저의 집까지 오시겠습니까. 저는 감당치 못하겠사오니 여기서 말씀으로만 하옵소서. 그러면 내 하인이 낫겠나이다." 하자 예수님이 이 말을 들으시고 기이히 여겨 좇는 자들에게 이르시되,

"내가 진실로 너희에게 이르노니, 이스라엘 중 아무에게서도 이만한 믿음을 만나 보지 못하였노라(마 8:5—10)." 하셨다. 예수님의 '기이히 여기셨다'는 뜻은 백부장의 믿음의 태도를 보시고 '어떻게 이방인이, 그것도 권세 있는 백부장이 이런 믿음을 가질 수 있을까.' 하시고 감탄하셨다는 뜻이다.

지금같이 믿음 생활하기가 어렵고 걱정과 두렵게 하는 일들이 많을 때 관계와 태도가 중요하다. 예수님께 대하는 나의 믿음의 태도, 내가 가깝게 만나는 가족과 사람들에게 대하는 나의 태도가 어떤가 생각하자.

예수님은 지금도 "착하고 충성된 종"이라는 말을 지키는 태도를 가진 사람들을 기이히 보실 것이다. 아멘.

무학산 십자바위

나는 마산에서 122년 전에 나의 할아버지이신 이승규 장로님과 손 안로 호주 선교사가 세운 마산 제일문창교회 8대 담임목사님이셨던 주기철 목사님이 조국의 독립을 위해 무학산 십자바위에서 기도했다 는 기록을 보고 '언젠가 마산에 가면 십자바위에 올라가 기도하리라.' 하며 생각했는데 이번에 마산에 가게 되어 아내와 함께 올라가 내 눈 으로 직접 십자바위를 보고 그 옆에서 기도하였다. 처음에 십자바위 에 가 보고 싶다고 하자 모두,

"안 됩니다! 목사님 산이 높고 위험해 못 가십니다." 하는 소리에 실 망하며 포기했다. 그런데 월요일 아침에 아내에게,

"오늘 십자바위에 가 보고 싶네." 하자 아내가,

"가 보죠, 뭐." 하는 소리에 나는,

"당신 발바닥이 아파 갈 수 있겠나?"

"그럼 산 밑까지 가서 못 오르면 쉬지." 하여 택시를 타고 가서 내려 보니 '산이 높고 바위산이라 안 되겠구나.' 하는데 앞에 70대 중반쯤 되어 보이는 분이 있어,

"여기 십자바위는 어디로 가나요?" 하며 묻자 그분이 왼쪽 산을 가리키며 안내해 줄 때 내가,

"이렇게 구두를 신고도 올라갈 수 있나요?" 하니 그의 "천천히 조심히 올라가면 갈 수 있어요."라는 소리에 힘을 내어 주위에 있는 나무 지팡이 하나씩 주워 잡고 올라가다 사람을 만나면 물어보고 하며 조심조심 올라갔다. 시간을 보니 30분이 지났는데도 보이지 않아 불안했는데 갑자기 "주여!" 하는 소리가 들리는 것이다. 나는 아내에게,

"저 소리 들리지. 조금 더 가면 되겠다." 하며 올라가 보니 절벽 같은 바위라 두려움이 찾아왔다. 그때 내 눈에 한 남자와 조그만 텐트가 보였다. 나는 너무 반가워,

"여기가 십자바위인가요?" 물었다.

"네, 바로 이 위입니다."

"어떻게 올라가요?"

"여기로 오시면 됩니다. 옆에 줄을 잡으시고 오세요." 우리가 한 걸음 한 걸음 조심조심하며 그 사람이 있는 곳으로 가니 손을 잡아 주어 안전하게 도착했다. 그리고 바로 옆 바위 위로 기어올라 보니 십자바

위가 나타났다. 겨우 한 사람 올라갈 만한 바위가 마치 하늘에 떠 있는 것 같았다.

여자 한 분이 그 바위 위에서 엎드려 방언으로 기도하고 있다가 인기척을 듣고는 눈을 떠서 우리를 보았다. 서로 인사를 한 후 그분이 바위에서 내려오면서,

"한번 올라가 보세요." 하는 소리에 나는 설레설레 목을 흔들며 사양했다. 그러지 않아도 다리가 떨리는데 도저히 바위 위로 올라갈 수가 없었다. 그 여자분은 강심장인 것 같았다. 우리 부부는 십자바위 옆에서 인증 사진 몇 장 찍고 기도하고 내려왔다. 내려오면서 그 남자분은 목사님이고 여자분은 사모인 것을 알았다.

그 사모님이 우리에게,

"이 십자바위에는 밝혀지지 않은 이야기가 있는데 원래 이 바위는 이렇게 갈라져 있지 않았는데 주기철 목사님이 이곳에서 기도하실 때 어느 날 강렬한 빛이 비치면서 바위가 십자가 모양으로 갈라졌답니다."라고 했다. 나는 가까이서 바위를 보며 '저 정도면 바위가 산산조각이 났을 텐데 바위는 멀쩡하고 어떻게 십자가 모양이 저렇게 선명하게 되었을까.' 생각했는데 사모님의 이야기를 듣고 보니 하나님이 모세를 통해 반석을 갈라 물을 주신 말씀이 떠올라 하나님이 이 일을 하신 것이 믿어졌다. 올라갈 때는 십자바위만 생각하고 가니 길이 먼 것을 느끼지 못했는데 내려오다 보니 길이 험하고 시간이 많이 걸렸

지만 "감사, 감사" 하며 내려왔다. 내가 짚고 다니던 지팡이도 기념으로 가지고 왔다. 다음 날 문창교회 목사님과 성도들을 만났을 때,

"어제 십자바위에 갔다 왔는데 바위 위에는 무서워서 못 올라가 아쉬웠습니다." 하자 모두들 놀랐고 문창교회 담임목사님은,

"나도 무서워서 못 올라갔습니다." 하여 한바탕 웃었다.

예수님이 내가 십자바위에 가 보고 싶어 하는 안타까운 마음을 보시고 곳곳에 사람들을 준비시켜 주셨다.

"안 됩니다. 그 연세에 못 올라가십니다." 하는 소리에 포기하려고도 했지만,

"그래도 올라가 보자 못 올라가면 밑에서라도 산을 바라보고 기도하자." 하는 내 말을 들으시고는 인도하셨다. 중간중간에서 우리를 안내한 분들이나 마지막에 목사님 부부를 만나게 해 주셔서 순조롭게 십자바위를 오르게 하신 것은 여호와 이레셨다.

지금도 길이 이렇게 험한데 주기철 목사님이 마산 제일문창교회에서 시무하시던 90년 전(1931~1937)에는 얼마나 산이 험악했겠는가. 그런데 이 산꼭대기 조그만 바위 위에서 나라를 위해 기도하신 것이다. 겨우 한 사람 엎드리면 꽉 차는 바위 위에서 사방이 절벽인데 보기만 해도 오금이 저리는 바위 위에서 "주여, 주여" 하며 외치는 그 소리를 들으신 예수님은 얼마나 마음이 아프셨을까. 이렇게 기도할 때 하나님이 신사참배(일본 천왕을 경배)를 거부할 수 있는 힘을 주신

것이다. 마치 예수님이 십자가를 지시기 전에 겟세마네 동산에서 하나님 아버지께 "내 아버지여, 만일 할 만하시거든 이 잔을 내게서 지나가게 하옵소서. 그러나 나의 원대로 마옵시고 아버지 원대로 하옵소서." 하시며 세 번을 기도하시고(마 26:39~46) 십자가에 죽으신 것같이 주기철 목사님도 아버지의 뜻에 순종하여 순교하셨다. 아멘.

식탐이 죄일까

지난 주일 교회 다녀와서 저녁 무렵 갑자기 피자가 먹고 싶어서 아내와 함께 아파트 뒤편 정류소에서 50번 버스를 타고 스타필드에 가서 맛있는 피자를 먹고 남은 것은 그릇에 담아가지고 왔다. 둘이서 교통비, 피자값 합쳐서 17,000원을 내고 먹는 즐거움과 소확행의 기쁨을 누린 것이다. 스타필드 안에 들어서니 곳곳마다 사람들이 차고 넘쳤다. 우리는 "야, 돈이 없다는데 여긴 딴 세상 같다." 하며 피자 파는 곳으로 가 보니 길게 줄이 늘어서 있어 오래 기다렸는데 먹는 것은 잠깐 먹고 왔다.

사람이 욕심을 쉽게 채울 수 있는 것이 식탐이다. 왜냐하면 다른 욕심들 즉 좋은 집, 좋은 차, 명품들은 다 갖고 싶은데 돈이 없으면 못 갖지만 먹고 싶은 음식이나 간식들은 적은 돈으로 원하는 대로 먹고 즐길 수 있기 때문이다. 또 다른 것들은 너무 욕심을 부리면 죄라는 생각이 들지만 먹는 것은 죄가 안 된다는 생각이 들기 때문이다. 그래서 여기저기 맛있다는 맛집들을 찾아다니고 또 이웃에게 소개도 하는 것이다.

우리나라 창덕궁에 가 보면 '임금님의 수라상'의 모형이 있다. 먼저는 각 도에서 올라온 제일 좋은 고기와 재료로 만든 '진짓상'이 있고 그다음은 술과 함께 안주로 준비한 '주안상'이 있고 마지막에 '다과상'이 있다. 이 음식들을 임금님이 드시고 아랫사람들에게 내리면 '하사상'이라고 한다. 그런데 이렇게 산해진미로 음식을 드신 임금님들이 대부분 40세에서 45세를 살다 가셨다. 이조 27대 임금님 중 70세 이상 사신 분이 몇 분 안 된다고 한다.

어떤 건강 통계 기관에서 낸 자료에 "사람이 75세가 되면 몸의 아픈 곳들이 많이 생기게 된다"고 하는데 꼭 나에게 한 말인 것 같다. 작년부터 병원에 가는 횟수가 많아지더니 올해는 작년보다 더 많이 병원을 가고 있다. 내가 아내에게,

"내가 브라질에 있을 때는 병원에 별로 안 갔는데 한국에 와서는 자주 병원에 가네. 나이가 들어서 그런가?" 하자 아내가,

"브라질에서는 목회하느라 아플 틈이 없었지요. 그리고 병원에 가려면 통역하는 분을 데려가야 되니 참은 거지요." 하였다. 나는 아내 말에,

"그래, 여기 한국에 와서는 너무 편해졌어. 병원도 혼자 갈 수 있고 말도 잘 통하고 또 독립유공자 후손이라 치료비 혜택도 받고 그래서 자주 가는 가 봐." 하면서 '나는 왜 이렇게 병원에 자주 가는가, 잠도 잘 자고, 먹기도 잘하고, 배설도 잘하고 걱정거리도 없는데.' 하며 생각해 보니 두 가지가 원인임을 알게 되었다. 하나는 음식이 너무 맛있어 너무 잘 먹고, 둘째는 운동을 너무 안 하는 것이 원인이었다. 요새 그 증거가 배가 너무 나와 바지허리 단추를 잠글 수가 없어 혁대로 조이고 넥타이로 가리고 양복 윗도리 단추를 잠가서 배 나온 모습을 가리고 입고 다닌다. 내 건강에 빨간불이 들어온 것이다.

크리스천은 종종 담배를 피우거나 술 마시는 것을 죄라고 생각하지만, 식탐은 죄라는 생각을 하지 않는다. 그러나 성경에서는 식탐을 죄라고 말씀하신다. 잠언 23장 20~21절에서,

"술을 즐겨 하는 자들과 고기를 탐하는 자들과도 더불어 사귀지 말라. 술 취하고 음식을 탐하는 자는 가난하여질 것이요, 잠자기를 즐겨 하는 자는 해어진 옷을 입을 것임이니라." 하셨다. 또 야고보서 1장 15절에,

"욕심이 잉태한즉 죄를 낳고 죄가 장성한즉 사망을 낳느니라." 하셨다.

하나님은 우리에게 입맛의 즐거움을 주는 음식을 주셨다. 이러한 음식을 먹을 때 항상 절제하여 우리의 건강을 잘 지키는 것이 하나님

께 감사하며 하나님을 기쁘게 해 드리는 것이다(고전 10:31). 요즈음 유행하는 말이 있다 '9988234'이다 '99세까지 팔팔하게 살다가 이삼일 만에 죽자.'라는 뜻이다. 나는 생명의 시간은 주님께 맡기고 사는 동안 믿음과 건강으로 살면서 만나는 사람들에게 '감사하며' 상처 준 사람들에게 '사과하고' 두 아들과 며느리에게 "예수님 잘 믿고 천국에서 만나자." 말하고 이삼일 만에 세상을 떠나고 싶다. 그러니 하나님의 성전인 나의 몸을 거룩하게 잘 관리해야 되겠다(레 20:26). 아멘.

울리고 웃기시는 하나님

말복이 끝나자 아침저녁으로 시원한 공기를 느끼게 한다. 새벽기도 갈 때 개구리들이 합창하는 소리를 들었는데 말복이 끝나자 가을을 알리는 귀뚜라미와 여치 우는 소리를 들으며 나는 아내에게,

"벌써 가을이 왔네." 하며 마음속으로 '이렇게 조그만 미물들도 계절의 변화를 깨닫는데 만물의 영장인 사람은 지금 세대가 변화되는 걸 깨닫지 못하는구나.' 생각했다.

그러나 하나님은 계속 우리에게 "내가 나를 찾는 사람들과 함께하고 있다"는 러브레터를 이번에도 우리 대광교회 사이판 선교를 통해 보여 주셨다.

지난 수요일 밤 예배 때 사이판 단기 선교팀을 이끌고 간 조현준 목사님과 그곳에서 코로나 확진이 걸려 남아 있던 심다영 청년 자매의

선교 보고와 간증을 들으며 하나님 아버지가 하신 크고 비밀한 일들을 통해 다시 한번 놀라움과 가슴이 뜨거워짐을 체험하며 전도의 아름다운 발걸음들을 하나님이 사랑하심을 믿고 감사를 드렸다. 그리고 '왜 그렇게 하셨는가.' 하는 의문을 가진 일들이 다 하나님 아버지의 계획하심 가운데 이루심을 알게 되었다.

먼저는 조현준 목사님 사모님이 떠나기 바로 전날에 코로나 양성이 되어 사이판으로 못 가게 되었는데 조 목사님은 음성이어서 괜찮았다. 나는 하나님께,

"아니, 놀러 가는 것도 아니고 태풍으로 무너진 교회당을 새로 세우고 예배를 다시 드리게 하려는 뜨거운 마음을 갖고 준비했는데 왜 못 가게 하셨는가요?" 하며 물었고 아무 응답을 못 받았는데 조 목사님이 선교 보고 하는 동안 그 의문이 풀렸다. 하나님께서 선교팀의 가장 중요한 조 목사님을 기도로 무장시키려 하신 계획이셨다.

조 목사님이 아내를 혼자 두고 가서 사모님이 상태가 안 좋아지는 소식과 병원에 입원한 소식을 들으면서 얼마나 마음으로 울며 간절히 기도했겠는가? 아마 하루 종일 일하는 내내 기도했을 것이다. 그리고 함께 간 모든 팀원들도 기도했을 것이다. 거기다가 사이판에서 돌아오기 하루 전날 함께 간 사람 중 딱 한 사람 심다영 청년 자매가 코로나 양성 반응이 나와 사이판에 머물게 되어 동생 다빈 자매도 함께 남게 되었다. 조 목사님과 선교팀들은 무거운 마음으로 돌아왔을 것이다.

나는 두 자매의 어머니인 김은희 집사님으로부터 사이판에 남게 된 두 딸의 소식을 듣고 '왜 이런 일이 생겼는가?' 생각했는데 다영 자매가, "하나님은 저를 코로나에 걸리게 하셔서 우리가 못다 한 일인 교회당 벽에 그림을 그리게 하셨어요." 하는 간증을 들으며 나는 속으로 '하나님은 항상 이렇게 일을 하시고 이번에도 선교팀들을 울리고 웃게 하셨군요.' 하였다.

이렇게 이번 선교팀을 하나님이 사랑과 관심을 갖고 보시며 시작하려는 마음에서부터 끝날 때까지 울리고 웃기셨다. 왜 그러셨는가? 너무나 좋아서 그러셨다. 하나님을 떠나지 않게 하시려고 조 목사님 사모님과 다영 자매에게 코로나 균을 심어 주어 두 분과 선교팀들이 울면서 기도하게 하셨고 마지막까지 선교팀이 계획했던 일을 다 이루어 주시려고 그림 잘 그리는 다영 자매와 그 동생 다빈 자매의 아름다운 손과 발로 사다리를 오르내리며 멋있는 그림을 그려 교회당에 들어오는 사람마다 "와!" 하고 놀라며 사이판 교회 성도들에게 하나님 아버지가 주시는 '그림 러브레터'를 선물해 마지막에 웃게 해 주셨다.

이렇게 하나님은 우리가 하나님 일을 할 때 우리를 울게 하여 연단을 시키시고 믿음으로 인내하게 하신 후 마지막에는 웃게 하신다. 무엇보다 큰 축복은 대광교회 청년들이 교회를 세우면서 '하나님이 계시고 함께하셨다'는 것을 체험케 하신 일이다.

이제 우리 청년들과 믿는 사람들은 로마서 8장 28절,

"우리가 알거니와 하나님을 사랑하는 자 곧 그 뜻대로 부르심을 입은 자들에게는 모든 것이 합력하여 선을 이루느니라." 하신 말씀이 사실임을 듣고 보았으니 '하나님을 아버지'라 부르며 울기도 하고 웃기도 하며 감사하며 살아가자. 아멘.

거북선과 나의 추억

작년 9월에 우리 부부는 큰아들과 함께 〈한산〉 영화를 보았다. 나는 한산도 앞바다에서 조선 땅을 점령하러 온 일본군 배와 싸울 때 등장한 거북선을 보면서 내가 40년 전 한국에 있을 때 충무공 이순신 장군 기념사업회 거북선 연구소 소장인 장사홍이라는 분과 새로 건립된 독립기념관에 거북선 실제 크기의 4분의 1 모형을 만들어 전시한 일이 생각났다. 장사홍이라는 분은 평생을 거북선에 미쳐서 자기 전 재산을 다 바쳐 연구한 아주 특이한 분이었다. 그분의 꿈은 이순신 장군이 만든 것과 똑같은 거북선을 만들어 한강을 오가며 후손들에게 이순신 장군같이 나라를 사랑하는 모습을 보여 주는 것이었는데 그 꿈을 이루지 못하고 세상을 떠났다. 그러나 이분이 학자들과 함께 연구하여 만든 거북선은 지금 천안 독립기념관에 전시되어 있다.

그때 독립기념관에 전시될 거북선 제작하려는 곳이 여럿 있었는데 최종적으로 두 곳이 경합하게 되었다. 제작비용은 약 2억 원 정도였는데 하루는 독립기념관에 다녀온 장 소장이 나에게,

"이 국장 내가 독립기념관에 돈 한 푼도 안 받고 거북선을 만들어 주기로 했어요." 하는 것이다. 나는 그 소리에 너무 놀라,

"아니 그럼 어떻게 해요, 그 큰돈을." 하자 장 소장이,

"내가 담당 과장하고 대화하니 그분이 '장 소장님 이번 거북선 제작은 나 교수님 연구소로 결정하려고 합니다.' 하는 소리에 내가 그냥 만들어 주겠다고 했지요." 나는,

"그 과장이 무어라고 해요." 하자,

"과장이 깜짝 놀라며 '그냥 만들어 준다고요? 정말입니까?' 하길래 내가 '나에게 일주일 시간을 주시오. 일주일 후에 계약합시다.' 하고 왔지요." 하며 나에게 "돈 만들 방법을 만들어 봅시다." 하며 "나 이거 못하면 죽습니다." 하는 것이다. 그리고 삼 일 후에 장 소장이 나에게,

"형님에게 가서 설명하고 기아 산업에서 제작하여 기증하는 것으로 말해 봅시다." 하는 소리에 나는,

"글쎄요, 그 큰돈이 될까요? 한번 가 보지요." 하고 형님에게 가서 설명했더니 형님이,

"잠깐 기다려라." 하고는 회장실에 가서 1시간 후에 와서는 "기아에서 돈을 내기로 했다. 오늘 오후에 독립기념관 과장에게 사람이

갈 거다." 하는 소리를 듣고 거북선을 만들어 독립기념관에 전시하게 되었다.

나는 그때 이순신 장군이 일본 배 333척을 우리 배 13척을 가지고 싸워야 하는 명량해전을 앞두고 죽음 앞에 두려워하는 장병들에게 "필생즉사 필사즉생(살고자 하는 자는 죽을 것이요, 죽고자 하는 자는 살 것이다)"라는 말로 장병들에게 용기를 주어 기적같이 승리를 이끌어 낸 이순신 장군의 말씀이 생각나서 장 소장이 '나 이거 못 하면 죽습니다.' 하는 필사즉생의 마음으로 매달려 성사되었구나 생각되었다.

그런데 문제는 거북선 만드는 데는 전문 학자들의 고증이 필요하기 때문에 약속된 날짜보다 지연이 되자 정부 책임자는 "며칠 후에 개관식 때 대통령과 삼부요인이 참석하는데 큰일 났다고, 누굴 죽이려고 그러느냐고" 하며 통사정을 하였다.

우리도 개관일에 거북선을 전시해야겠기에 계속 24시간 작업을 하여 드디어 개관 전날 밤 10시에 트레일러에 싣고 천안 독립기념관으로 가는데 톨게이트에서 큰 문제가 생겼다. 거북선 용머리가 톨게이트에 걸려 지나갈 수가 없게 된 것이다.

그때 장 소장은 고속도로 관리 사무소장에게 톨게이트 지붕을 빨리 부수라고 하면서 "내일 아침에 대통령이 보게 되는데 거북선이 없으면 당신이나 나나 다 죽어요." 하면서 호통을 치자 관리소장이 "지금 밤 12시에 어떻게 부수느냐."라고 하며 큰소리가 오갔다. 그때 운전기사가 조용히 바퀴 쪽으로 가서 타이어 앞뒤 바람을 다 빼어 버리고 조금씩, 조금씩 나아가자 손가락 하나 사이를 두고 트레일러가 통과했다. 그곳에 있던 우리 모두는 8 · 15 광복절 만세를 부르듯 만세를 불렀다. 나는 그 기사에게,

"어떻게 그런 기발한 생각을 했어요." 했더니 그가,

"하나님께 기도했더니 지혜를 주셨지요." 하는 것이다. 나는 그때 부끄러웠다. 어려울 때 주님께 기도하지 않고 관리소장에게 지붕 부수라고 반 위협을 했기 때문이다. 밤새도록 거북선을 설치해 놓아 대통령 내외와 참관한 사람들이 모두 거북선을 보며 임진왜란 때 오직 나라를 지키기 위해 싸우다 죽은 이순신 장군과 병사들의 나라 사랑의 마음을 느끼게 했다.

성경 마태복음 16장 25절에 예수님께서도,

"누구든지 제 목숨을 구원코자 하면 잃을 것이요(필생즉사), 누구든지 나를 위하며 제 목숨을 잃으면 찾으리라(필사즉생)." 하셨다.

이렇게 하나님을 믿지 않는 사람도 신념을 갖고 죽으면 죽으리라 하면서 달려들면 기적이 일어나는데 우리는 기적의 주인이신 하나님을 아버지라 부르지 않는가. 그리고 진실로 예수님이 나를 구원해 주심을 믿고 감사드리자. 크고 놀라운 일을 체험하게 될 것이다. 아멘.

아름다운 부부

　우리 부부는 작년 12월에 제주도로 여행을 다녀왔다. 한 달 전에 예약을 해 놓았는데 갑자기 눈 폭풍으로 인해 제주도 항공편이 이틀간 운행을 못 해 취소할까 했는데 토요일부터 조금 풀려 월요일 제주도에 도착해 보니 가이드가 "겨울 날씨로는 아주 좋은 날씨라고" 말하는 소리를 듣고 먼저 주님께 감사했다. 패키지 관광이라 대부분 가족들이 많이 왔다. 우리가 탄 버스에 29명이 탔는데 제일 나이 많은 분이 84세였고 그다음은 우리 부부였다. 서로 식사하며 대화하다 우리 나이를 듣고는 모두 "어떻게 그렇게 건강하시느냐"고 부러워하였고 어떤 남자분은 아내에게,

　"옆에서 보면 40대로 보이네요." 하자 아내는 깔깔깔 웃으며,

　"감사합니다. 대접도 못 해 드리고 어떻게 하나." 하는 소리를 들으

며 나는 속으로 '눈이 삐었구나.' 하였다.

옛날에 미국에서 동네 그라지 세일 할 때 아주 맘에 쏙 드는 좋은 가죽 코트가 있어 입고는 아내에게,

"이 옷 어때?" 하고 묻는데 주인이 와서 아내에게 "네 아버지에게 잘 어울린다"라고 하는 소리를 듣고 나는 불쾌한 표정을 지으며 한국 말로,

"이 녀석 눈이 삐었구나." 하며 옷을 벗어 던지고 와 버린 기억이 났다. 그런데 '이제는 세월에 장사 없다'고 같이 늙어간다.

새해가 되면 나는 만 77세이고 아내는 75세가 된다. 이번 여행을 하면서 '내년에는 어떻게 살지.' 하는 생각을 했다. 어떻게 살지 하는 것은 먹고 입는 생활을 말하는 것이 아니라 어떻게 우리 부부가 노년을 아름답게 믿음 안에서 살 것인가를 말하는 것이다.

문득 성경에서 나오는 삼손의 부모같이 살아야겠다는 생각이 들었다. 삼손의 아버지 마노아는 이스라엘 열두지파 중 단 지파 사람인데 남편보다 부인의 믿음이 더 좋았다. 그러나 부인은 자기 믿음으로 남편을 인정하고 세워 주었다. 이들 부부는 아이가 없이 살았는데 어느날 천사가 마노아의 부인에게 나타나 "아이를 잉태할 것이라"고 예언하였다. 그때 부인이 남편에게,

"하나님의 사람이 나에게 나타나 우리에게 아이를 주신다고 하셨어요." 하자 남편 마노아는 아내 말을 믿어 주었다. 그리고 함께,

"주의 보내셨던 사람을 우리에게 다시 임하게 하사 우리가 그 낳을 아이에게 어떻게 행할 것을 우리에게 가르치게 하소서(삿 13:8)." 하며 기도했다. 얼마 후 이번에도 또 하나님의 사자가 마노아에게 오시지 않고 밭에서 혼자 일하는 아내에게 찾아오셨다. 그때 여인이 급히 남편에게 달려가 하나님의 사람이 나타났다고 하자 남편 마노아는 아내를 따라와 하나님의 사자를 만났고 하나님의 사자에게,

"당신의 말씀대로 되기를 원하나이다(삿 13:12)." 하였다.

이렇게 삼손의 어머니는 남편 마노아를 믿음으로 세워 주었고 마노아는 아내의 믿음을 의심하지 않고 믿어 주었고 그들은 태어날 아들 삼손을 위해 기도하였다.

그러나 삼손은 자라면서 부모의 말을 듣지 않고 이방 여인인 블레셋 여인과 기생들과 어울리면서 살아갔다. 왜 그가 이렇게 살았는가? "이 일은 여호와께서 블레셋 사람을 쳐서 마침내 이스라엘 백성을 블레셋에서 구하시기 위한 계획이셨다"고 말씀하셨다(삿 14:3~4).

나중에 삼손이 블레셋에 잡혀 두 눈이 뽑히고, 모든 블레셋 방백과 남녀 삼천 명가량이 삼손의 재주 부리는 것을 보기 위해 모였을 때 삼손이 사사기 16장 28절에서,

"여호와께 부르짖어 가로되 주 여호와여 구하옵나니 나를 생각하옵소서. 하나님이여 구하옵나니 이번만 나로 강하게 하사 블레셋 사람이 나의 두 눈을 뺀 원수를 단번에 갚게 하옵소서." 하고 기도하며 집

을 버틴 두 기둥을 두 손에 잡고 힘을 다하여 몸을 굽힐 때 그 집이 무너져 그곳에 모인 방백과 삼천여 명이 다 죽었다. 삼손이 죽음으로 이스라엘 백성을 블레셋 손에서 구하였다. 삼손이 죽을 때 여호와 하나님을 부르짖어 외친 것은 바로 부모가 하나님께 항상 기도한 것을 보고 배웠기 때문이다.

이제 앞으로 살아가는 세대는 지나간 100년에 걸쳐 변화되던 것이 1년 2년으로 빠르게 달라지는 세상이 될 것이다. 이럴 때 우리가 하나님 말씀을 붙들고 부부가 서로 사랑하며 자녀들과 함께 믿음의 길을 걸으며 서로 의지하고 기도하며 가야 한다.

전도서 4장 12절에,

"한 사람이면 패하겠거니와 두 사람이면 능히 당하나니 삼겹줄은 쉽게 끊어지지 아니하느니라." 하셨다. 참 축복은 모든 자의 것이 아니라 '믿음으로 믿고 외치고 살아가는 자에게' 주어진다. 하나님 입의 말씀이시니 그대로 이루어질 것이다. 아멘.

결과보다 과정을

누가 인생 나이를 자동차 속도에 비유해 10살 때는 10㎞, 20살 때는 20㎞, 30살 때는 30㎞로 달리다 60살 때부터는 60㎞, 70살 때에는 70㎞로 달린다고 했는데 정말 그 말이 맞는 것 같다. 내가 자주 만나는 장로님이 금년에 92세인데 지난주 나한테,

"목사님, 세월이 너무 빨리 가네요. 벌써 2월이 되었네요." 해서 나는,

"장로님, 맞아요. 장로님은 지금 92㎞로 달려가시는 거예요." 하자 장로님이,

"그래서인가 가끔씩 너무 빨리 달려서 어지러운가 보네요." 하는 소리에 함께 웃었다.

그런데 이렇게 세월이 빠르게 지나가기 때문에 사람들이 인내를 하지 못하고 빨리 성공해야겠다는 생각이 사회 곳곳에 자리 잡고 있다.

우리가 즐겨 사용하는 말 중에 '모로 가도 서울만 가면 된다.'라는 말이 있다. 수단과 방법을 가리지 않고 목적만 이루면 된다는 말이다. 과연 우리가 이런 생각으로 세상을 산다면 어떤 세상이 될 것인가. 생각만 해도 무서운 세상이라는 생각이 드는데 지금 우리가 살고 있는 세상이 바로 이런 세상인 것이다.

출세를 위해서라면 어떤 수단이든지 다 동원이 되는 세상이요, 무슨 방법이든지 우선 이겨 놓고 보는 것이다. 쿠데타에 성공하면 충신이요, 개국공신이지만 실패하면 역적이요, 역사에 죄인이 된다는 말이 있듯이 결과만 좋게 되면 과정은 나빴어도 다 덮어지게 되는 것이다. 오히려 그런 일들이 자랑이 되는 세상이요, 결과가 나쁘게 나오면 과정이 아무리 좋았어도 아무 인정이 안 되는 세상에서 우리는 살고 있다.

나는 미국 신학교에서 공부할 때 나에게 큰 힘이 된 것 중에 하나가 시험을 본 후 채점지를 받아 보면 어떤 교수는 가차 없이 틀렸다 하며 X표를 주는가 하면 어떤 교수는 10점 중에 2점, 3점 또는 1점을 주었다. 그때 10점 중 1점을 받아도 아주 마음이 기뻤다. '그래도 내가 쓴 답안지가 0점은 아니고 무엇인가 내가 열심히 공부한 부분을 인정받았구나.' 하는 기분에 더 열심히 하게 되었다.

성경 말씀은 철저하게 결과보다 과정을 이야기하고 있다. 왜냐하면 하나님은 '내가 얼마나 많은 것을 이루어 놓았느냐를 보시는 분이 아니라 내가 어떻게 일해 왔느냐'를 더 값있게 보시기 때문이다. 하나님은 도둑질이나 남의 이익을 착취하거나 도박하여 많은 돈을 벌어 수억을 교회에 다 바친 사람보다 과부의 엽전 두 닢을 더 기뻐하신 것처럼 열심히 정직하게 일해 바친 헌금을 더 귀하게 보시는 분이시기 때문이다.

하나님은 '나는 이런 은사를 받아서 이런 열매를 맺고 있다'고 나타내는 사람보다 소리 없이 묵묵히 교회를 봉사하며 가정을 지키고 사업장과 직장에서 열심히 일하고 매일 하나님께 감사하며 사는 사람을 더 기뻐하신다. 내가 사회에서 어떻게 성공하여 많은 것을 갖고 있는가에는 관심이 없다. 지금 내가 어떤 신앙생활의 과정을 가고 있으며 어떻게 이 사회에서 일하고 있는가를 더 관심 있게 보시는 분이다.

우리가 좋아하며 즐겨 말하는,

"내게 능력 주시는 자 안에서 내가 모든 것을 할 수 있느니라(빌 4:13)." 하신 말씀에서 능력 주신다는 말씀만 강조하여 '하나님이 함께 하시면 다 성공한다.'라는 식으로 말하는데 이 말씀의 뜻은 능력 주시는 자이신 예수님의 말씀대로 살아가면 가난하든지, 병들었든지, 실패하든지 어떠한 형편에 있든지 감당할 수 있는 믿음을 주신다는 뜻이다 결과보다 과정을 잘 살아 내는 것이 능력이라는 말씀이시다.

또 다른 말씀 로마서 8장 28절 중,

"모든 것이 합력하여 선을 이룬다"는 말씀도 그 앞에 있는 "우리가 알거니와 하나님을 사랑하는 자 그 뜻대로 부르심을 입은 자들에게."
라는 말씀도 역시 결과보다 과정이 더 중요하다는 말씀이시다. 무엇
보다 교회 지도자들은 성도들이 하나님 말씀대로 살아가게 하는 과정
을 잘 가르치고 삶으로 살아가게 하면 나와 내 가정을 살리게 된다.

교회만이라도 눈에 보여 주는 식의 생활을 하지 않도록 착하고 충
성된 하나님의 자녀로 살아가자. 아멘.

감동 경영

　몇 년 동안 코로나로 인하여 적은 자본으로 장사하는 사람들이 큰 어려움을 겪고 있는 가운데 배달업은 오히려 더 잘되고 있다고 한다. 주로 음식 배달은 오토바이를 타고 다니는데 어떤 오토바이는 뒷자리 박스에 회사 이름이나 음식 이름을 써 놓고 광고를 하고 있다. 그런데 이러한 아이디어는 몇십 년 전에 일본의 조그만 시골 마을에서 시작되었다고 한다.

　일본의 어느 지방 도시에서 한창 불경기에 만두 가게를 시작한 한 젊은 부부가 정성을 다해 만두를 만들어 가게 문을 열어 놓았으나 손님이 없어 문을 닫게 생겼다. 희망을 갖고 시작한 장사가 제대로 한번 장사 같은 장사도 못 해 보고 문을 닫게 되었으니 얼마나 마음이 상하겠는가. 그런데 이 사람은 포기하지 않고 정성을 다하여 만두를 만들어 놓고는 주문이 없어도 자전거 뒷자리에 가게 이름을 적은 배달 박스를 싣고 동네 곳곳을 계속 돌아다녔다.

동네 사람들은 모두, '아니 이런 불경기에 저 만두 가게는 장사가 잘되는가 보네.', '만두가 얼마나 맛이 있으면 사람들이 저렇게 주문을 할까.' 하며 생각하게 되었고 그 생각은 행동으로 옮겨져 너도나도 그 만두 가게에 가서 먹어 보고 맛이 있자 입소문을 타게 되어 얼마 가지 않아 마침내 이 만두 가게는 번창하게 되었고 지금은 그 만두 가게가 그 지역 이름을 빛내는 곳이 되었다고 한다.

나는 미국에서 신학을 공부하면서 여동생 부부가 운영하는 세탁소에서 옷 다리는 일을 도와주었다. 내 매부 되는 사람이 아주 지혜로운 사람이라 세탁소를 인수하고는 약 일 년 만에 매출이 두 배로 증가하게 되었다. 그 비결 중 하나가 고객의 이름을 일일이 다 기억할 수가 없어서 손님들이 타고 오는 차 번호를 이름과 함께 적어 놓아 고객이 가게 앞에 차를 대고 시동을 끄고 안으로 들어오는 시간에 벌써 찾아갈 세탁물을 준비해 놓으니까 그들이 깜짝 놀라면서,

"아니 어떻게 이렇게 빨리 내놓느냐, 어떻게 내 이름을 아느냐, 땡큐! 땡큐! 원더풀!" 하며 감동과 기쁨으로 물건을 찾아갔다.

브라질에서 목회할 때 나와 아내는 매주 수요일 가게 문을 닫고 수요 예배를 드리러 교회로 바로 오는 성도들을 위해 저녁을 준비해 대접했다. 싸고 좋은 소고기를 사려고 정육점 여러 곳을 다니다가 우리

집 아파트 밑에 있는 정육점으로 정하게 되었다. 알고 보니 오래된 정육점으로 고기가 좋기로 알려진 집이었다. 정말 등잔 밑이 어두웠다.

우리가 늘 수요일 아침이면 무스꾸로(안심) 고기를 조그맣게 썰어 가는 것을 알고는 어느 수요일에 갔더니 미리 준비해 놓은 것이다. 얼마나 감동이 되었는지 나는,

"오브리가도(감사) 아미고(친구)." 하며 인사했다. 그 이후 다른 곳을 갈 수가 없었다. 어떤 수요일은 공휴일이라 저녁을 준비 안 해도 꼭 고기는 사 준다. 왜냐하면 정육점 주인이 고기를 준비해 놓은 것을 알기 때문이다.

예수님께서도 놀라운 믿음으로 감동을 주는 사람을 칭찬하시며 사역에 큰 위로와 기쁨을 받으셨다. 마태복음 8장 5절에서 어떤 백부장이 자기가 사랑하는 종이 병들어 죽게 되어 예수님께 와서 고쳐 달라고 애원할 때 예수님이,

"내가 가서 고쳐 주리라." 하시자 백부장이 예수님께,

"다만 말씀으로만 하옵소서, 그러면 내 하인이 낫겠삽나이다." 하는 백부장의 믿음을 보시고, "이스라엘 중 이만한 믿음을 만나 보지 못하였다"고 하시며 감동하셨다.

이 모두가 다 '감동 경영'이다. 결국 장사는 두 가지이다. 하나는 정성을 다해 좋은 물건을 만들어 내는 것이고, 또 하나는 소비자의 마음을 감동시키는 것이다. '기쁘게 해 주는 것만으로는 부족하다. 감동이

되도록 해 주어야' 되는 것이다.

불경기, 불경기 하는데 이때가 감동 경영을 할 때이다. 하나님께 내 사업을 통해 고객이 감동할 수 있는 지혜를 구하라 주실 것이다. 아멘.

현충일 은혜 국수 나눔

금년 6월 6일 현충일에 우리 부부는 대전국립현충원에 모신 할아버지, 할머니 묘소를 다녀왔다. 마침 우리 교회 이영란 집사님 아버지도 독립운동을 하신 분이어서 남편 지영철 집사님과 함께 다녀왔다. 아침 6시 30분에 강동구청에서 마련해 준 버스를 타고 현충원에 도착해 보니 각지에서 올라온 수백 대의 버스와 차들로 온통 뒤덮여 있었다.

그런데 버스에서 내려 보니 눈에 크게 들어오는 현수막이 보였다. 그리고 쓰여 있는 문구를 보니 "현충일 국수 나눔"이라 쓰여 있고 그 옆으로 국수 만 명, 주먹밥 오천 명, 아이스크림 만 명, 떡볶이 오천 명, 솜사탕, 부침개 삼천 명, 팝콘 만 명이라 쓴 글씨가 보였고 그 밑에는 "국가를 위하여 헌신하고 희생한 유가족을 위해 위와 같이 따뜻하게 맞이합니다."라고 쓰여 있었다. 나는 그 문구들을 보며 '누가 이런 큰 대접을 하나.' 하고 자세히 보았더니 불교 단체인 구암사가 대접하는 것이었다.

묘소를 돌아본 뒤에 시간이 많이 남아 아내와 함께 여기저기 둘러보는데 곳곳에서 국수와 커피를 대접하고 있었다. 그때 내 눈에 "현충일에 은혜 국수 나눔"이라고 쓴 현수막이 들어왔다. 나는 그 순간 '은혜? 그럼 기독교 단체에서 봉사하는구나.' 하며 다시 보니 원불교대전충남교구에서 대접하는 것이었다.

아내가 나에게,

"불교에서도 은혜라는 말을 쓰네?" 할 때 나는,

"그러게 불교에서는 대자대비란 말을 썼는데 요새는 기독교에서 쓰는 은혜라는 말을 쓰나 보다." 하면서 나는 '불교에서 기독교가 쓰는 은혜의 의미를 알고 있는가, 믿고 있는가.' 하는 생각을 해 보았다.

불교에서 말하는 대자대비는 부처님이 중생을 크게 사랑하고 슬픔과 고통을 당한 사람을 불쌍히 여기는 마음으로 사람들을 대하라는 뜻이라고 한다. 그런데 기독교에서 말하는 예수님의 은혜는 요한복음 3장 16절,

"하나님이 세상을 이처럼 사랑하사 독생자를 주셨으니 이는 저를 믿는 자마다 멸망치 않고 영생을 얻게 하려 하심이라." 하신 은혜이시다.

이 말씀에서 '하나님이 독생자를 주셨다'라는 뜻이 바로 예수 그리스도를 십자가에서 산 제물로 죽게 하셔서 죄로 죽을 수밖에 없는 우

리 사람들을 예수님이 흘리신 십자가의 피로 죄를 씻으시고 죽은 후에 부활시켜 주시고 다시 데리러 오셔서 천국에서 영원히 살게 하신 일을 은혜라고 한다. 그래서 우리는 살아가면서 기쁜 일도 슬픈 일도 다 하나님의 은혜라고 말한다. 왜냐하면 마지막이 영생이기 때문이다.

우리는 아침 일찍 버스를 타야 해서 아침밥도 먹지 못했는데 구청에서 주는 떡으로 요기를 한 후라 배가 고파 국수를 주는 곳으로 가서 받아 그늘진 곳에서 서서 기도한 후 먹는데 금방 삶은 국수라 쫄깃하고 아주 맛이 있었다. 또 떡볶이와 부침개를 받아먹는데 아내가,

"떡볶이는 너무 달다." 하여 내가,

"그럼 국수를 한 그릇 더 먹지." 하는 소리가 떨어지자마자 달려가 국수 한 그릇을 더 받아 와서는 순식간에 먹어 버렸다.

그 바람에 음식 남기지 않는 내가 아내 떡볶이까지 먹느라 배가 고생했다. 다 먹은 후 내가 좋아하는 후식 아이스크림을 받으러 길게 늘어선 줄에 서서 보니 내 앞에 3명이 남아 있어 입에서 침이 나오는데 들리는 소리가 "아이스크림 다 떨어졌어요, 죄송합니다." 하는 소리에 얼마나 낙심이 되는지…, 결국 팝콘만 받아 왔다.

아내가 음식을 먹으면서,

"이거 불교에서 주는 건데 먹어도 되나." 해서 나는,

"먹어도 돼, 우상에게 제물로 바친 것도 아니고." 하자 아내가,

"그래 맞아, 모든 것을 감사함으로 먹으라 하셨으니." 하며 맛있게

먹었다. 고린도전서 10장 27절에,

"불신자 중 누가 너희를 청하매 가고자 하거든 너희 앞에 무엇이든지 차려 놓은 것은 양심을 위하여 묻지 말고 먹으라." 하셨다. 그래서 이것저것을 받을 때마다 "감사합니다, 감사합니다." 하며 큰 소리로 인사했다.

할아버지 덕분에 좋은 버스를 타고 대전에 가면서 맛있는 떡과 간식을 먹고 현충원에서는 불교에서 대접하는 은혜 국수와 떡볶이와 삼박자 커피까지 들면서 재미있는 일일 관광을 하였다. 내년 현충일이 기다려진다. 하하하, 모두 다 하나님의 은혜이시다. 아멘.

Amen **E**

End with God's word

하나님 말씀을 아멘(Amen) 하여 모든 것을 하나님과 끝냅니다.

이것들을 증거하신 이가 가라사대 내가 진실로 속히 오리라 하시거늘
아멘 주 예수여 오시옵소서
주 예수의 은혜가 모든 자들에게 있을찌어다 아멘.
(요한계시록 22장 20―21절)

 가발 유혹

지난주에 우리 부부는 강릉 주문진에 다녀왔다. 브라질에서 함께 교회를 섬겼던 최진필 집사님 부부가 8년 전에 한국으로 와 주문진 바닷가 앞에 있는 아파트에 자리를 잡아 여름에는 바다 구경, 가을에는 밤도 줍고 설악산 단풍을 매년 보러 다녀온다. 늘 갈 때마다 최 집사님 내외가 반갑게 맞아 주며, "목사님, 사모님 한 달에 한 번씩 오셔서 묵었다 가세요." 한다. 요새 한국에는 브라질에서 많은 사람들이 오고 있다. 내가 섬겼던 대한교회에서도 15가정이 와서 이곳저곳에 살고 있고 서로 연락하며 만나고 있다.

한국에서도 이렇게 좋은 만남을 생각할 때 '사람의 일생에 좋은 만남과 헤어짐은 다시 더 좋은 만남으로' 만나게 됨을 깨닫게 하여 언제나 사람들을 대할 때, "삼가 누가 누구에게든지 악으로 악을 갚지 말게 하고 오직 피차 대하든지, 모든 사람을 대하든지 항상 선을 좇으라(살전 5:15)"는 사도바울의 말씀대로 살기를 힘써야 되겠구나 생각했다.

저녁을 먹고는 이런저런 대화 중에 최 집사님이 약을 하나 보여 주며, "목사님 이 약이 머리카락 생기게 하는 약인데 미국 겁니다. 아주 효과가 좋은 거 같아요. 우리 큰아이가 먹고 있는데 머리숱이 많아졌어요." 하며 "저도 먹고 있습니다." 하여 내가 핸드폰으로 사진을 찍으면서 집사님,

"요새 가발이 아주 좋다는데요." 하자,

"가발은 불편하지요, 여름에는 덥고……."

나는 50대 때부터 흰머리가 나기 시작하고 머리카락이 빠지면서 나이가 더 들어 보여 아내가 염색할 때 남은 것으로 염색하면서 속으로 '이거 너무 귀찮은데 나중에 가발을 써 볼까' 생각하고 있다.

왜냐하면 몇 년 전에 처조카 사위를 보니 사람이 훨씬 젊어 보여 왜 그런가 했더니 가발을 썼다. 조카가 결혼 전에 가발 디자이너였기 때문에 남편 얼굴에 맞는 가발을 만들어 주었던 것이다. 컴퓨터 사업을 하는데 어떤 학생은 "할아버지"라고 하여 안 되겠다 싶어 가발을 썼더니 "아저씨"라고 부르고 어떤 손님은 "주인 동생" 되냐고 묻기도 한다면서 무엇보다 장사가 잘되어 좋다고 한다.

우리 부부는 미장원이나 이발소에 가 본 적이 열 손가락 안에 들 정도이다. 둘 다 곱슬머리라 대충 자르고 손으로 몇 번 머리를 털어 주

면 된다. 남자야 그렇다고 하지만 여자가 미용실에 안 가는 것은 조금 이상하다. 한번은 아내가 머리를 잘라 달라고 하는데 바쁜 일이 있어서 나갔다 와 보니 자기가 잘랐다. 뒷모습을 보니 머리카락이 밖으로 튀어나와 다듬어 주겠다고 하니 "괜찮다고 속으로 넣으면 된다"고 하길래 나는 "당신은 그렇게 가꾸지 않아도 빼어난 미인이니 정말 하나님께나 부모님께나 감사해야 된다"고 하였다.

성경에 보면 머리털에 대한 기록이 많이 나온다. 그 중 삼하 18장에서 다윗의 아들 압살롬이 아름다운 외모에다 머리털이 아름다워 많은 여인들의 사랑과 선망의 대상이 되었는데 그가 아버지를 밀어내고 왕이 되어 아버지의 군사와 싸울 때 패하여 도망가다 그만 그의 머리털이 상수리나무에 걸려 대롱대롱 매달려 있는 것을 요압 장군이 달려가 심장을 찔러 죽였다. 아름다운 머리털을 자랑하던 그가 아버지 왕의 자리를 빼앗는 악한 짓을 하여 하나님께서 그가 자랑하며 여인들을 홀리던 그 머리털로 심판하신 것이다.

예전에 미국에 있을 때 교회에서 "우리 목사님 염색하시는 것이 보기 좋은가, 아니면 그대로 흰 머리카락이 있는 게 좋은가" 하며 이야기를 나누었다고 해서 물어보았더니 나이 드신 분들은 "염색하는 게 좋다고 하고 젊은 사람들은 그대로가 좋다"고 했다는 소리를 듣고는 '나이 들면 누구나 젊게 보이는 것을 원하고 젊은이들은 나이 드는 것에 대해서는 아직 고민을 안 하는구나.' 생각했다.

그런데 문제는 우리 주님이 내 머리카락 한 가닥도 다 세시고 계신다는데(마 10:30) 가발을 쓰면 주님이,

"야, 애가 와 이렇게 머리카락이 많아졌노, 이상하네." 하실 것이니 '가발로 주님을 놀라게 하는 것보다 백부장처럼 주님을 믿음으로 놀라게' 해 드리고 싶다.

이제 내 나이가 80세가 가까워지는데 머리가 빠지는 것도 흰 머리가 많아지는 것도 인생을 사는 모습이다. 잠언 31장 30절에,

"고운 것도 거짓되고 아름다운 것도 헛되나 오직 여호와를 경외하는 여자는 칭찬을 받을 것이라." 하셨는데 이 말씀은 여자에게만 아니라 우리 남자에게도,

"머리카락이 많은 것도, 늙을 때까지 검은 머리 자랑하는 것도 헛되나 오직 여호와를 경외하는 남자는 칭찬을 받을 것이니라." 하는 말로 바꾸어 말하며 살아가고 싶다. 아멘.

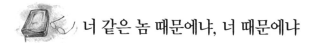# 너 같은 놈 때문에냐, 너 때문에냐

내가 젊었을 때 친하게 지내던 친구가 사업의 실패로 인하여 자기 집의 아파트 안방을 세를 주고 1년 동안 어렵게 생활한 적이 있었다. 이 친구는 어려운 생활 가운데도 신앙생활을 열심히 하였다. 사실 경제적인 어려움이 따르면 신앙생활을 하기도 쉽지 않기 때문이다. 그런데 그 집 안방의 세입자는 종교를 갖지 않았고 가까운 가족들이 불교를 믿고 있었다.

한 1년간 지내는 동안 이 친구는 한 번도 교회에 같이 나가자던가, 예수님을 믿으라던가 하며 전도하지 않았다. 1년이 지난 후 그 세입자가 부천에 조그만 집을 장만하여 이사하게 되었다. 이사 가던 날 이삿짐을 날라 주고 헤어질 때 그 친구가,

"잘 가시오. 집을 사서 이사하게 되었으니 참 기쁘네요. 그곳에 가

시면 교회를 다니시면 좋겠네요." 하며 처음으로 예수님을 믿으라고 전도하였는데 그들의 대답이,

"네, 부천에 가면 교회에 나갈 생각입니다. 그동안 저희들에게 직접 전도는 안 하셨지만 생활하시는 모습을 보고 교회 나가면 좋겠다고 생각했습니다." 하면서 선선히 응했다는 것이다.

그들이 함께 한집에서 동거하면서 이 친구는 무엇을 보여 주었는가? 그리스도인의 살아 있는 믿음의 모습을 보여 주었다. 양보하는 모습, 서로 예의를 갖추는 모습, 주인이라고 행세하지 않는 모습, 매일 어린 자녀들과 함께 가정예배를 드리는 모습, 말을 하지 않더라도 은연중에 풍기는 예수의 향기가 그들에게 예수를 믿게 하는 마음을 갖게 한 것이다.

성결교단에서 발행하는 《활천》 월간지 2014년 11월 호에 〈너 같은 놈 모으느라〉라는 제목으로 재미있는 글이 있어서 소개해 본다.

한 바람둥이가 하나님께 기도했다.

"저 예쁜 여자와 결혼만 하게 해 주시면 앞으로 절대 바람피우지 않겠습니다. 만일 바람을 피운다면 저를 죽이셔도 좋습니다." 하나님은 그 소원을 들어주셔서 그는 예쁜 여자와 결혼을 하였다.

그런데 살다 보니 다른 여자들에게 눈이 갔고 다시 바람을 피웠다. 하지만 죽지 않는 것이었다. 그는 쾌재를 부르며 대담하게 몇 번 더 바람을 피웠다. 3년이 흐른 어느 날 배를 타게 되었는데 심한 풍랑이

일자 예전에 하나님과 한 약속이 떠올라 두려워졌다. 그러나 '나 혼자도 아니고 백 명이 다 함께 탔으니 설마 나 하나를 죽이려고 배를 뒤집지는 않으시겠지.' 하며 생각하는 순간 하나님의 음성이 들렸다.

"너 같은 놈 백 명 모으느라 3년을 기다렸다."

참 누가 지어낸 글인지 웃음이 터져 나오면서도 나를 돌아보게 된다. 혹시 하나님께서 나를 보시고,

"내가 너 같은 놈 때문에 얼마나 마음고생이 많은지 모르겠다." 하시는 것 아닌가…….

사도행전 27장 22절부터 보면 사도바울이 복음 전하다 잡혀 로마로 압송되어 가던 중 탔던 배가 풍랑을 만나 다 죽게 되었을 때 하나님의 사자가 바울에게 나타나,

"바울아 두려워하지 말라 네가 가이사(로마 황제) 앞에 서야 하겠고 또 하나님께서 너와 함께 항해하는 자를 다 네게 주셨다 하였으니 그러므로 여러분이여 안심하라 나는 내게 말씀하신 그대로 되리라고 하나님을 믿노라." 하였다. 그리고 하나님 말씀 그대로 배는 파선되었지만 바울 덕분에 배에 탔던 276명 중 한 사람도 생명을 잃지 않고 다 살아났다.

우리도 믿음 생활을 진실하게 해서 나 때문에 내 가정과 자녀가 하나님의 진노 중에 용서받아야겠다. 우리가 사는 이 땅도 하나님의 교회 때문에 용서받고 복을 받아야겠다. 하나님께서,

"너 같은 놈 100명 모으느라." 하신 말씀보다,

"너 때문에 네 주변이 용서받고 축복받게 될 것이다." 하는 사람이 되고 싶다. 아멘.

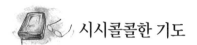 시시콜콜한 기도

작년 8월에 성결교단 강동 지방회 연합성회가 대광교회에서 열렸다. 여러 교회에서 성도들이 참석해 교회당을 가득 채운 모습을 보니 너무 좋았다. 강사인 차준희 목사님의 기도에 대한 말씀을 들으며 나는 하나님께 큰 감사를 드렸다. 왜냐하면 내가 미국에서 신학을 공부하기 시작할 때부터 40여 년 동안 하나님께 기도드릴 때 하던 내 모습과 말들을 하나님께서 "네가 그동안 나에게 기도한 모든 것을 내가 보고 듣고 있다" 하시며 구약 성경을 깊이 있게 연구하는 박사님을 통해 증명시켜 주셨기 때문이다.

내가 30대 때 사람들이 나에게 "취미가 무엇이냐"고 물으면 대답을 못 했다. 취미가 없었기 때문이다. "특기가 무엇이냐"고 물으면 대답을 못 했다. 잘하는 게 없었기 때문이다. 또 누가 "꿈이 무엇이냐"고 물으면 역시 대답을 못 했다. 꿈이 없었기 때문이었다. 이렇게 어영부영하며 사람 구실도 못 하고 살아가던 나를 하나님께서 미국 이민 길을 열어 주시어 사람을 만들어 주셨다.

하나님이 나를 사람 만드시려고 하신 일은 '하나님 앞에 무릎 꿇고 기도'하게 하신 일이다. 이것은 내 일생의 가장 큰 선물 중의 선물이다. 나는 목사이지만 참으로 부끄러운 목사이다. 죄도 많이 짓고 있고, 실력도 없고, 흠이 많은 목사이다. 아내에게는 남편 낙제생, 두 아들에게는 아빠 낙제생, 두 여동생들에게는 오빠 낙제생에다가 목사가 된 후에는 목사 낙제생이었다.

그런데 이런 낙제생을 하나님은 아버지가 되셔서 새벽마다 깨우시고 하나님 앞에 앉혀 놓으시고 따뜻하고 부드러운 음성으로 세상에 빠져 있는 나에게,

"수명아! 지금 히브리서 6장 7절을 읽어라." 하시며 목사가 되게 하셨고 교회를 개척한 나에게,

"수명아! 누가복음 5장 4절을 읽어라. 내가 고기(사람)를 보내 주마." 하셨다. 또 내가 미국에서 목회할 때 힘들어하니까,

"수명아! 여기 있으면 안 되겠구나." 하시며 브라질로 보내 주셨다. 브라질에서 아주 행복하게 목회할 때,

"수명아! 겸손하면 산다." 하시며 목회를 잘 마치게 해 주셨다. 지금도 하나님이 "수명아!" 하며 부르시던 음성을 생각하면 사람의 말로

표현할 수 없는 평안함이 내 마음에 밀려온다.

내가 매일 새벽에 하나님 앞에서 어떻게 기도하는가 하면 차준희 목사님이 말씀하신 기도의 다섯 가지를 날마다 한다.

첫째: 하나님을 "아버지." 하고 부른다.

둘째: 지금 내가 살아가는 모습을 말한다. 어제 누가 대접해 준 음식이 맛있었다고 말하고 또 누가 아픈 일도 말하고 아내와 다툰 일도 말한다. 불평도 하고 원망도 한다. 사람에게 하지 않고 하나님께 시시콜콜하게 다 말한다.

셋째: 문제를 말하고 해결해 달라고 말한다.

넷째: "하나님 아버지 다 이야기했으니 들으셨지요?" 하면 내 마음속에 "수명아! 내가 해 주마, 때가 되면." 하신 다. 그리고 마지막에 나는 "아버지 마음대로 해 주세 요. 할렐루야! 예수 그리스도 이름으로 기도합니다." 하고 박수로 영광 돌리고 큰절하고 일어선다.

이렇게 매일매일 번복하며 기도하다 보면 차 목사님이 말씀하신 것처럼 기도 중에 옛날에 베풀어 주셨던 모든 은혜가 내 마음에 밀려온다. 내가 미국 신학교에서 공부할 때 교수분들이 내 별명을 No

Problem(문제없다)이라고 붙여 주었다. 왜냐하면 내가 문제가 있어도 없다고 했기 때문이다. 그래서 그들이,

"미스터리 문제가 있으면 도와주겠다." 하고 묻고는 내가 대답하기도 전에 먼저 두 어깨를 으쓱하고 손을 반쯤 들고는 "No Problem(문제없다)." 하며 같이 웃곤 하던 기억이 나서 지금도,

"하나님 아버지가 함께하시는 저는 어떤 문제도 문제 되지 않습니다." 하며 나도 두 손을 반쯤 들고 어깨를 드는 제스처(몸짓)를 한다. 아마 하나님 아버지가 예수님께,

"저 녀석 좀 보아라." 하며 웃으실 것이다.

마지막으로 일본 홋카이도 삿포로 지방에 기독교 중고등학교 선생님으로 아이들을 가르치던 크리스천 여선생님의 100세 생일잔치 때 영국 BBC 방송기자가 그 선생님에게,

"100년의 삶을 글로 쓰면 무엇이라 쓰시겠습니까?" 하고 묻자 이 선생님이 붓으로 풍(風) · 도(道) · 기(祈)라고 썼다고 한다. 이 뜻은 "바람 부는 인생을 가면서 기도하며 살았다."라는 뜻이라고 했다. 이 말을 우리 크리스천은 풍(風) · 기(祈) · 도(道)로 순서를 바꾸어 날마다 바람 부는 우리 인생을 먼저 하나님께 시시콜콜하게 기도하면 살아가는 힘을 주실 것이다. 하나님 아버지는 어떤 거창한 기도보다 "아버지." 하며 '시시콜콜하게 하는 기도'를 더 좋아하신다. 아멘.

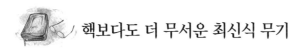# 핵보다도 더 무서운 최신식 무기

지난 2월에 탈북민에 대한 이야기를 담은 TV 프로그램에서 북한 인민군에 있다가 탈북한 남녀 10여 명이 나와 지금 북한이 만들고 있는 핵무기에 대해 거의 공포에 가까운 말들을 하는 것을 들으면서 나는 '저 핵이 터지면 남한과 북한 땅은 이 지구에서 없어지겠구나, 어디 피난 갈 곳도 없겠구나.' 하는 생각을 했다. 그러나 피난 안 가도 살길이 있다.

1967년 6월에 중동지역에서 6일 전쟁이 일어났다. 아랍 13개 국가가 연합하여 이스라엘을 침략했다. 그때 이스라엘에는 한쪽 눈에 검은 안대를 한 모세 다얀 장군이 국방장관이었다. 이 장관이 세계를 향하여 기자회견을 했다. 다얀 장군은 3가지를 이야기했다.

"첫째, 우리는 2500년 동안 기다려서 이 나라의 독립을 얻었다. 그런데 전쟁이 났으니 싸우지 않을 수가 없다. 둘째, 이 전쟁은 빠른 시일 내에 끝날 것이다. 셋째, 우리는 전 세계에서 하나밖에 없는 '최신식 무기'를 우리 군인이 다 갖고 있기 때문에 이 전쟁은 우리가 승리할 것이라"고 선언했다.

기자회견이 끝난 후 전 세계의 정보망은 유대인이 갖고 있는 '최신식 무기'가 무엇인지 찾기 시작했다. 하지만 끝내 알아내지 못했다.

얼마 후 전쟁은 6일(6월 5일~10일) 만에 이스라엘의 승리로 끝났다. 그래서 이 전쟁을 '6일 전쟁'이라고 불렀다. 전쟁이 끝난 후 드디어 '최신식 무기'가 공개되었다. 그 무기가 무엇이었겠는가?

모든 유대인 장병들은 자신의 왼쪽 주머니에서 조그만 책을 내보였다. 그것은 바로 그들이 매일 보며 묵상하는 탈무드 책이었다. 세계는 놀랐고 할 말을 잃었다. 상상도 할 수 없는 일이었기 때문이다.

세계의 유명한 역사학자 토인비는 "이 세상에 이상한 두 나라가 있다"고 했다. 그 한 나라는 이스라엘이고 다른 한 나라는 한국이라고 했다. 이와 같이 우리나라는 아주 이상한 나라이다. 벌써 지구상에서 없어질 나라였는데 지금까지 살아 있고 앞으로도 잘 살아가는 나라가 될 것이다. 그 비결이 무엇인가? 바로 세계의 역사를 계획하시고 실행하시는 하나님의 눈과 마음이 대한민국에 있기 때문이다.

우리나라의 위기는 반드시 하나님 사랑의 부르심이다. 핵폭탄을 누가 막겠는가? 미국이나 중국이 막을 수 있겠는가? 아니다, 하나님만이 막으실 수 있다. 남북통일을 누가 하는가? 남북한 지도자가 하는가? 아니다 오직 하나님만이 하시기를 기도하면 된다.

하나님의 콧김으로 홍해 바다가 땅같이 되었다(출 15:8). 하나님이 입으로 "후." 하시면 북한 핵은 없어진다. 예수님이 귀신을 쫓아낼 때 "내가 하나님의 손을 힘입어 귀신을 쫓아낸다(눅 11:20)." 하셨다. 하나님이 새끼손가락으로 북한 핵을 건드리면 와르르 무너진다. 아니, 북한이 우리에게 핵을 쏘면 하나님이 손가락으로 방향을 바꿔 북한으로 돌릴 수도 있다.

요사이 젊은이들이,

"북한이 핵을 만든다고 뭐가 두려운가요. 통일이 되면 우리 것이 될게 아닌가요?" 하는 철부지 같은 소리를 한다는데 바로 이런 소리를 듣고 계시는 하나님이 통일을 시켜 주시면 북한이 만들어 놓은 핵을 남한은 가만히 앉아서 받으면 되는 것이다.

그러므로 우리 남한 모든 국민은,

"하나님 저 악한 자가 만들고 있는 저 핵을 다 만들면 우리 것이 되게 해 주세요. 북한이 무너지고 지하에서 기도하고 있는 북한 동포들의 부르짖음에 응답해 주시고 자유함을 주세요." 하며 부르짖으면 된다. 이 부르짖음이 바로 우리의 최신식 무기이다.

그러면 일을 행하시는 하나님이 예레미야 33장 2~3절에서 약속하신 "크고 비밀한 일"을 보게 될 것이다. 피난을 갈 것이 아니라 6·25

동란 때 피난 온 북한 동포들을 따뜻하게 맞아 준 것같이 매일 고통받고 신음하는 북한 동포들이 자유롭게 살아가게 빨리 통일을 시켜 달라고 매일매일 회개하며 부르짖어 기도해야 된다.

왜냐하면 핵보다도 더 무서운 최신식 무기가 하나님 말씀을 외치며 기도하는 것이기 때문이다. 아멘.

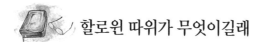# 할로윈 따위가 무엇이길래

작년 11월에 우리는 너무 슬픈 소식을 들었다. 서울 이태원에서 할로윈 축제를 위해 모인 사람들의 압사 사고로 인해 150여 명이 죽고 150여 명이 부상을 입은 불행한 날이었다. 더구나 우리 어린 자녀들의 죽음은 큰 충격이고 그들의 부모나 가족들에게는 어떤 위로의 말로도 슬픔을 이겨 낼 수 없을 것이다. 우리가 할 수 있는 것은 모든 일들이 잘 끝나도록 기도하는 일이다. 모든 교회는 매일 모이는 새벽기도 때 하나님의 긍휼하심을 구하며 회개 기도하여야 할 것이다.

35년 전 미국에 이민 가서 처음 맞은 할로윈 때 우리 아이들이 이집, 저집을 다니면서 초콜릿을 많이 가져왔다. 우리도 초콜릿을 준비해 두었다가 찾아오는 아이들에게 주었던 것이 생각났다. 그런데 이할로윈이 성경 말씀에 위배되는 것임을 알고 그 이후로는 참여하지 않았다. 그 대신 이때는 호박(Pumpkin)을 많이 수확하는 철이라 호박으로 케이크나 요리를 만들어 즐기기도 했다.

할로윈은 유럽의 스코틀랜드와 아일랜드 사람들이 즐기는 축제로 이들 이민자들이 미국으로 건너와 전한 풍습으로 죽은 사람들이 다시 살아난다고 하며 이때 악령이 활동하고 마녀들도 다시 살아나기 때문에 이들로부터 해를 당하지 않으려고 마녀 복장이나 가면들을 썼고 집 마당에는 호박의 속을 파내고 두 눈과 입을 마치 해골처럼 만들고 그 안에 촛불을 켜 놓아 마귀를 쫓아낸다고 한다. 그러나 이런 행사들은 비교적 조용하게 치러졌는데 이런 풍습이 한국에 들어와서는 이상하게 열광적으로 변질된 것이다. 왜 이렇게 된 것일까?

한국에서 오래 산 외국 사람들이 우리나라 사람들을 평가할 때 "당신들은 사는 것이 마치 전쟁하듯이 살고 있고 남과 비교하고, 자랑하고, 자기 멋이 없는 것 같다"고 하였다. 이런 말이 틀리지 않다는 것이 외국에서 살아 보면 알 수 있다.

한번은 미국에서 동생 가족이 세탁소를 운영할 때 단골손님들이 "당신들은 휴가도 안 가나요." 하며 물었다고 한다. 한국 사람들 대부분이 제대로 된 휴가를 가지 못하고 일을 전쟁하듯이 하며 살아간다. 왜냐하면 한국 사람은 집 욕심, 차 욕심이 많아 큰 집, 좋은 차 등을 사서 자랑하기 때문에 매월 내야 하는 돈이 많아 한국 사람들 사이에 "빌빌하다 죽는다."라는 말이 있다. 빌(Bill)은 영어로 돈 내라는 청구

136   내가 마침내 다 이루었다

서나 계산서로 돈을 벌어서 집세, 차 할부금을 내다 죽는다는 뜻이다. 그래서 어떤 사람은 풀장이 딸린 큰 집을 사 놓고는 집값을 갚기 위해 부부가 새벽 별 보고 나갔다가 저녁 별 보고 들어와 잠만 자니 풀장에는 들어가 즐기지도 못하고 대신 파출부가 즐기는 것이다.

내가 전에 살던 브라질의 한국 사람들도 비슷하다. 브라질에서도 한국 사람들이 좋은 차, 좋은 집 욕심이 있어서 강도들의 표적이 되고 피해를 자주 입는다. 어느 날 우리 교회 안수집사님이 아파트 엘리베이터 안에서 일본 사람을 만났는데 일본 사람이,

"너희들은 왜 골프채를 지하 주차장에서 차에 싣지 않고 아파트 앞에 차를 대놓고 왔다 갔다 하며 싣느냐. 그러니까 강도의 표적이 되지 않느냐. 강도가 너희나 우리나 다 같은 나라 사람같이 보니 우리가 너희 때문에 피해를 본다."라며 불만을 말했다고 한다. 이 집사님은 그 말을 듣고 얼마나 부끄러웠는지 아무 말도 하지 못했다고 한다. '나는 이렇게 골프를 치는 사람이다.' 하는 자랑이랄까. 오히려 일본 사람들이나 유대인들은 직장 다닐 때나 가게에 갈 때는 조그만 차를 타고 다녀 강도의 표적을 피하고 있다.

여기 한국에 와서도 똑같은 모습을 본다. 내가 섬기던 브라질 교회 많은 성도들이 브라질에서 한국으로 역이민을 왔다. 어느 초등학교 다니는 두 아이를 데리고 사는 가정에 방문했는데 부인 집사님이,

"목사님, 한국에 왔더니 사람들 만나기가 무서워요. 만나면 신상 털

기를 해요." 하며 "우리 아이들도 학교에서 아이들을 만나자 '너희 집 몇 평이야? 너의 아빠 차는 무슨 차야?' 하고 묻길래 우리 아들이 '나 몰라. 그런 건 왜 물어?' 하며 세게 나갔더니 다시는 묻지 않더래요. 우리 환희가 세잖아요." 하는 것이다.

내가 왜 이렇게 우리의 모습을 말하는가 하면 우리나라는 외국의 문화나 풍습을 받아들일 때 너무 야단스럽게 만들고 즐긴다는 것이다. 그래서 이런 일들이 우리 아이들에게 악한 영향력을 주게 된다. 할로윈 따위가 무엇이길래, 우리나라와 무슨 관계가 있다고 이런 악한 풍습이 아이들을 죽음으로 이끌어 가는가 말이다.

로마서 12장 2절에,

"너희는 이 세대를 본받지 말고 오직 마음을 새롭게 함으로 변화를 받아 하나님의 선하시고 기뻐하시고 온전하신 뜻이 무엇인지 분별하도록 하라"는 말씀이 지금 이 한국 땅에 주신 말씀이시다. 특히 교회들에게 주시는 말씀이시다. 교회가 이번 슬픈 사건의 책임이 있다는 것을 깊이 느끼고 입술의 회개가 아니고 삶의 회개가 있어야 될 텐데. 진실한 회개가 안 되니 다시 한번 하나님의 긍휼이 있기를 간절히 기도하자. 아멘.

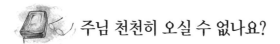 주님 천천히 오실 수 없나요?

어느 교회에서 은퇴한 목사님들을 위로해 드리기 위해 좋은 식당으로 모셔 음식 대접을 해 드리고 선물도 드렸다. 그 자리에서 그 교회 담임목사님이 인사하면서,

"오늘 그동안 교회를 잘 섬기시고 은퇴하신 목사님들을 이렇게 저희 교회에서 대접해 드리게 되어 감사드립니다. 이제 머지않아 천국에 가시면 뵙고 싶은 주님도 만나시고 하나님도 만나실 테니 얼마나 좋으시겠습니까." 했더니 목사님들 표정이 기쁜 모습이 아니라서 목사님이 '아, 내가 말실수를 했구나…. 이를 어쩌지….' 하는데 마침 나이가 제일 많아 보이는 목사님이,

"예, 빨리 천국에 가서 주님 만나야지요. 그런데 요새 세상이 너무 좋아 조금 더 있다가 가고 싶군요." 하여 모여 있던 사람들이 모두 웃

으며 분위기가 좋아졌다.

참 세상이 너무 좋다. 특히 대한민국 남한 땅이 너무 좋다. 어쩌면 이렇게 살기 좋은 나라가 되었는지, 마치 천지개벽을 한 땅 같아 곳곳마다 구경거리, 먹을거리가 널려 있다. 봄에 벚꽃놀이를 보고 싶으면 차에 타고 "미스 김 진해로 가세요." 하면 곧 길을 안내해 준다. 옛날 임금님이 드셨던 궁중 요리를 먹고 싶으면 구글에 '임금님 수라상'을 찍으면 자세한 설명과 함께 식당 이름과 주소가 나온다.

그런데 이제는 이것도 옛날이야기가 될 것이다. 앞으로 10년 후에는 차가 하늘을 나는 비행기가 되는 세상이 온다. 이건 아무것도 아니다. 지난 금요일 밤에 박성화 안수집사님이 설명한 메타버스(Metaverse) 시대에 살게 된다. 어느 손자가 할머니에게,

"할머니 저 좋은 회사에 취직했어요." 하자 할머니가,

"그래, 우리 손자 장하네~ 무슨 회산데?"

"네 메타버스 프로그램 만드는 회사예요." 하자,

"응? 버스 회사야?"

"할머니 버스 회사가 아니고요, 새로운 가상 세상을 만드는 회사예요. 언제 제가 만든 거 한번 보여 드릴게요. 놀라실 거예요. 그러니 건강하게 오래 사세요." 하였다.

메타버스는 초월, 가상이라는 메타(Meta)와 현실 세계를 뜻하는 유니버스(Universe)를 합한 단어로 한국 거실에 앉아서 미국 자유의 여

신상을 관광할 수 있고 브라질 리우데자네이루에 있는 예수님상을 관광할 수 있다. 그냥 TV를 통해 눈으로 보는 것이 아니라 내 몸이 직접 그곳에 가서 관광하듯이 느끼며 체험하게 하는 것이다. 마치 성경 마태복음 17장에서 예수님이 베드로와 야고보와 그 형제 요한을 데리시고 높은 산에 오르자 갑자기 예수님 모습이 변형되어 얼굴이 해같이 빛나고 옷이 빛과 같이 희어지셨다. 그런데 더 놀라운 것은 예수님이 모세와 엘리야와 만나서 대화를 나누는 것이었다. 이때 베드로가 너무 놀랍고 황홀해,

"주님, 우리가 여기 있는 것이 너무 좋습니다. 세상에 이런 좋은 곳이 있네요." 하며,

"주님, 우리가 여기 초막 셋을 짓고 주님과 모세와 엘리야를 모시고 살았으면 좋겠습니다." 한 것 같은 체험을 하게 된다.

과연 이런 세상이 정말 좋은 세상인가? 마귀가 이것을 이용해 사람들을 죽게 만드는 무서운 세상이다. 특히 사람의 영혼과 육체를 죽이는 일이다. 얼마나 무서운가 하면 자기가 좋아하는 사람들이나 연예인들과 가상의 세계에서 데이트도 할 수 있고, 같이 잘 수도 있는 것이다. 그러니 결혼을 안 해도 육체의 쾌락을 마음껏 누릴 수 있으며 부모도 필요 없고 친구도 필요 없다. 나와 TV만 있으면 된다. 그곳에서 내가 원하는 것을 마음대로 할 수 있기 때문이다.

이 메타버스가 왜 우리의 영혼을 죽이는가 하면 예배를 이 가상 세

계에서 드리게 한다. 교회에 가는 불편도 없고, 보기 싫은 사람 볼 필요도 없고, 내가 좋아하는 목사님과 교회를 골라 예배를 보면 된다. 예배를 드리는 것이 아니라 그냥 영화나 스포츠 경기 보듯이 보면 된다. 헌금은 온라인으로 보내고 믿음 생활 잘하고 있다고 생각한다. 이런 예배에서 어떻게 우리가 하나님이 받으시는 신령과 진정으로 예배 드릴 수 있겠는가? 어떻게 예수님이 나의 죄를 사해 주기 위해 십자가에서 피 흘려 죽으심을 믿고 회개할 수 있는가?

나는 요새 중앙보훈병원에 가는데, 가 보면 80~90세가 넘은 노인들이 대부분이다. 걸음걸이도 힘들고 소리도 잘 안 들려서 간호사가 마치 싸우듯 큰 소리를 해야 듣는다. 그런데도 100살 넘어 살기를 원한다. 구원의 확신이 있는 우리는 이렇게 오래 살기를 구하기보다 천국 가는 마음의 준비를 해야 한다.

요한계시록 마지막 장 22장 20절에서 예수님이,

"내가 진실로 속히 오리라." 하시자 요한이,

"아멘, 주 예수여 오시옵소서." 하였다. 내일 주님이 오셔서 나를 바로 데려가셔도 구원의 확신이 있으면 기쁨으로 따라갈 수 있다. 비록 내 삶이 세상 유혹에 빠져 살아갈 때도, "나는 나를 구원해 주신 예수님을 믿습니다." 하는 믿음의 확신을 갖고 회개의 삶을 살아가자. 아멘.

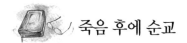 죽음 후에 순교

지난 6월 6일 월요일은 제67회 현충일로 후손들이 나라를 위해 목숨을 바친 애국선열과 국군 장병들의 넋을 위로하고 잊지 않고 기념하며 감사하는 날이었다. 그런데 나는 이날을 생각 없이 지내고 후회를 했다. 나의 할아버지가 독립운동을 하다 감옥에 갇혀 고난받으셔서 나는 독립유공자 후손이 되어 국가보훈처에서 6월 6일 국립묘지 참배 초청장을 받았으나 아침에 비도 오고 하여 가지 않았다. 그리고 태극기 조기 다는 것도 잊어버리고 오전 10시에 사이렌이 울리면 묵념하는 것도 잊어버렸다.

일전에 보훈처에서 생활용품을 보내 드리겠다고 하고는 한 달이 지나도 안 와서 나는 전화로 담당자에게,

"아니, 지난번에 생활용품 보내 준다면서 왜 안 보내나요?" 하면서

따지듯이 물었더니 담당자가,

"선생님 죄송합니다. 물건이 늦게 도착해서 곧 보내 드리겠습니다." 하며 죄를 지은 것처럼 용서를 구했는데 받아먹는 것은 이렇게 잘 챙기면서 기념일은 제대로 기억도 못 하니 참으로 부끄럽고 못된 후손이다. 그래서 달력마다 국경일에는 붉은 사인펜으로 크게 동그랗게 표시해 놓고 그 밑에 '국기 게양' 하고 써 놓았다.

수년 전에 한국의 성결교단에 속한 에덴교회 성도 200여 명이 장기 조직 기증 서약서를 작성했다고 한다. 한국의 통계를 보면 한 해 장기 조직 기증자가 얼마 안 된다고 하니 200여 명이 한꺼번에 생명 나눔 서약을 한 것은 참으로 아름다운 일이다. 장기 조직 기증은 사망 후에 연골 등뼈나 피부, 심장판막, 혈관, 인대 등이 망가진 사람에게 나누어 주는 것으로 한 사람이 100가지 조직을 기증할 수 있다고 한다.

일제시대 때 신사참배를 주동한 까닭에 감옥에 간 주기철 목사님이 며칠 후에 풀려났을 때 주 목사님의 부인 오정모 사모님은 남편을 질책하며 "다시 감옥에 들어가 죽으라"고 쏘아붙인 일화는 지금까지도 많은 사람들의 마음을 파고든다.

그러나 나는 살아서 순교는 못 할 것 같다. 그래서 지난달에 아내와 함께 경희대학병원에 가서 장기 기증 서약서를 내고 카드를 받았다. 지금 우리 부부는 하나님께 나의 소명이 다 끝나면 건강할 때 데려가시도록 기도하고 있다. 그래야 건강한 내 장기를 많이 나누어 줄 수 있지 않은가. 만일 아내가 나보다 더 오래 산다면 아내에게나 자녀들에게 이것을 유언으로 남기려고 한다.

다만 내 장기를 받는 사람에게 이것만은 꼭 전해 달라고 할 것이다.

"나는 예수님의 은혜로 구원받은 사람입니다. 내 장기를 받은 당신이 예수님을 믿는 분이라면 더 잘 믿으시고 꼭 죽을 때 다른 사람에게 장기를 주시기 바랍니다. 그러나 예수님을 믿지 않는 분이라면 꼭 예수님을 믿으셔서 구원받기 바랍니다."라고 글로 써서 전해 달라고 할 것이다. 나는 이것을 '죽음 후에 순교'라고 말하고 싶다.

예수님은 요 15장 13절에서,

"사람이 친구를 위하여 자기 목숨을 버리면 이에서 더 큰 사랑이 없나니." 하셨다. 아멘.

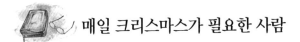

매일 크리스마스가 필요한 사람

벌써 2022년 한 해가 며칠 남지 않았다. 나는 예수님이 오신 크리스마스가 12월에 있어 너무 좋다. 한 해의 마지막 달이 되어 내년에 희망을 갖게 해 주어 좋고 또 추운 겨울이라 예수님을 생각하면 따뜻하고 감사한 마음이 들어 좋다. 내가 잘못한 일을 생각하게 하고 사랑을 베풀어 주신 분들, 사람들에게 잘못한 일들, 또 이웃들을 생각하는 달이 되어 좋다. 이렇게 생각(Think)을 하면 감사(Thank)하는 마음이 생겨 아주 좋다.

지난 주일에 나에게 많은 사랑을 베풀어 주시는 형님 같은 김종기 장로님과 따님인 김인실 장로님이,

"목사님, 조금 이르지만 크리스마스 선물입니다." 하며 산타클로스와 사슴이 함께 있는 예쁜 무드 등을 주셨다. 사슴과 산타에게 내리는

반짝이는 눈발을 보고 무드 등에서 흘러나오는 캐럴 송을 들으며 성탄절 기쁨을 느꼈다. 그러면서 속으로 '내가 왜 이렇게 넘치는 사랑을 받고 있지?' 생각하며 내 스스로 '모든 것이 예수님 때문이지.' 하는 대답을 했다.

그렇다 예수님 때문에 모든 것을 받고 있다. 그런데 말만 "예수님 때문이지." 하고는 예수님에게 해 드리는 것이 하나도 없다. 그래서 아침마다 내가 하는 기도는,

"예수님 사랑하는 죄인입니다. 그저 하박국 선지자가 기도한 것처럼 예수님의 소문을 듣고 놀라게 해 주시고 예수님의 부흥을 주시고 진노 중에 긍휼을 베풀어 주세요(합 3:2)." 하며 엎드려 허우적거리고 외칠 뿐이다. 그리고는 하루 종일 육신이 즐기는 먹고, 마시고, 보면서 '예수님께 영광' 한다.

탈무드에 이런 이야기가 있다. 개구리 세 마리가 한 우유 통에 빠졌다. 첫 번째 개구리는,

'모든 일은 운명이야, 하나님 뜻대로 되겠지.' 생각하고는 아무 노력도 안 했다. 두 번째 개구리는,

"아니 어떤 놈이 여기다 통을 갖다 놓았어?" 하며 불평하였다. 그때 세 번째 개구리는,

"친구들, 어디 살길이 있을 거야. 계속 움직이고 찾아보자. 그냥 죽을 수 없잖아." 하며 계속 우유 밖으로 점프하며 뛰기도 하고 우유 속

을 이리저리 헤엄쳐 다녔다. 그런데 점점 이상한 것은 다리에 딱딱한 것이 걸렸다. 우유가 치즈가 된 것이다. 그래서 세 개구리는 통 속에서 맛있는 치즈를 먹고 힘을 얻어서 점프하여 우유 통 밖으로 나왔다. 죽을 운명인 두 개구리는 살 운명인 친구를 만나 맛있는 치즈도 실컷 먹고 살 수 있었다.

이렇게 바로 내가 죽을 운명이었는데 예수님이 오셔서 죽음에서 구해 주셨다. 그런데 개구리처럼 자꾸 우유 통(세상) 속에 들어가고 있다. 그리고 '아 또 죽게 되었네.' 하며 개구리처럼 허우적거린다. 그럼 어김없이 예수님이 우유(세상)를 치즈로 만들어 구해 주시고 맛있는 치즈도 주신다. 나는 나에게 묻는다.

"이렇게 바보 같은 짓을 언제까지 할 것인가?" 아마 하나님이 천국으로 데려가실 때까지 우유 통에 계속 빠질 것 같다. 그래서 나는 매일매일 예수님의 이름으로 예배드리는 크리스마스가 필요한 사람이다.

당신은 어떤 사람인가? 매일 크리스마스가 필요 없는가? 우리가 예수님을 믿지만 날마다 세상 속에서 허우적거릴 때마다 '크리스마스'를 외치면 나도 살고 내 가정도 살린다.

옛날에는 거리와 백화점에서 캐럴 송이 들렸는데 요즘은 소음공해라고 아무 소리도 없고 사람들만 북적여 삭막함과 애석함을 느끼게 한다. 다시 "기쁘다 구주 오셨네 만백성 맞으라!" 하는 소리가 울려 퍼지는 이 땅이 되면 좋겠다. 아멘.

 우리 감람산

지난 3월 저녁에 내가 사는 아파트 앞에 있는 소나무 숲에 가로등이 환하게 들어온 걸 보고 나는 아내를 부르며,

"꼬꼬야, 빨리 나와 봐. 앞산에 불이 들어왔어. 야 멋있다." 하자 아내도 놀라며,

"그러네, 이제 산에 길이 다 보이네." 하였다. 작년에 소나무 숲에 둘레길을 만들고 난간과 가로등을 설치해 놓아 가끔 낮에 흙을 밟으며 흙냄새를 맡으며 산길을 돌곤 했는데 밤에는 깜깜해서 '여기 언제 불이 들어오는가.' 하며 기다리다 불이 들어오니 너무나 반갑고 또 멋이 있었다.

나는 불이 켜져 환하게 보이는 흙길을 걸으며 옛날 조국을 떠나 미국으로 이민 갈 때 짐 속에 한국 땅 흙을 조금 담아가지고 간 것이 생각났

다. 내가 태어난 조국을 떠나 다른 나라로 가려고 하니 마음에 기대와 함께 두려움도 생겼다. 또 내가 그렇게 애국자는 아니지만 왠지 조국을 잃어버리는 것 같아 생각해 낸 것이 흙을 갖고 가 조국이 그리울 때마다 흙을 만져 보고 흙냄새도 맡아 보며 내가 태어난 나라를 잊지 말자 했는데 한동안 보관하다 집을 샀을 때 기념으로 마당에 부었다.

미국에서 브라질로 가서 사람들에게,

"어디 사십니까?" 하고 물었더니,

"땅집에서 삽니다." 하는 소리에 나는,

"땅집이요! 땅집이 무엇입니까?" 하자,

"네, 땅집은 주택을 말합니다." 하는 소리에 나는,

"땅집이라는 말이 너무 좋네요. 아주 정감이 있는 말이네요." 하였다.

한국에 와서 아파트나 모든 길이 시멘트 바닥인데 가끔씩 흙길이 있으면 한번 걸어 보고 싶고 마음이 따뜻해진다. 그래서 사람들이 아파트 주변에 숲이 있으면 숲세권, 전철역이 있으면 역세권, 공원이 있으면 공세권이라고 하며 살기를 원하는 것이다. 그런데 지금 나는 매일 밤이면 앞 숲을 바라보며 큰 위로를 받고 있다. 왜냐하면 내 마음이 옛날보다 많이 어두워졌기 때문이다. 나를 감싸고 있는 주변 환경이 육신을 즐겁게 하고, 편안케 하여 부족한 게 없기 때문에 하나님께 간절한 마음이 없어 근심이 되었는데 앞산에 불이 환하게 들어와 길이 밝게 보이는 순간 캄캄하던 내 마음에 '주님이 나의 앞길을 환하게 비춰 주는 것' 같아 얼마나 기쁜지 모르겠다.

지난주 수요일 22일부터 사순절이 시작되었다. 사순절은 예수님이 구원의 완성을 위해 십자가를 지시는 사랑의 죽음과 죄와 사망의 권세를 이기시고 부활하신 것을 기념하는 절기로, 구원받아 하나님의 자녀가 된 성도들은 이 기간 동안 예수님을 많이 생각하며 육신의 쾌락을 절제하고 금식하며 이웃에게 선을 행하고 회개하는 삶을 살아가는 것이다.

이 세상에 온 사람들은 모두 인생길을 가고 있다. 인생길은 모두 나그넷길이다. 그런데 이 나그넷길을 가는 사람들 중 어느 가수가 부른 "인생은 나그넷길, 어디서 왔다가 어디로 가는가." 하듯이 어디로 가는지 모르며 사는 사람이 있고 요한복음 14장 6절에서,

"예수께서 가라사대 내가 곧 길이요, 진리요, 생명이니 나로 말미암지 않고는 아버지께로 올 자가 없느니라." 하신 말씀을 따라 영원한 생명의 길을 사는 사람이 있다.

요한복음 14장 1—3절에는 예수님이 우리를 천국 집으로 데려가신다는 아주 기쁜 약속이 있다.

"너희는 마음에 근심하지 말라 하나님을 믿으니 또 나를 믿으라. 내 아버지 집에 거할 곳이 많도다. 그렇지 않으면 너희에게 일렀으리라. 내가 너희를 위하여 처소를 예비하러 가노니 가서 너희를 위하여 처소를 예비하면 내가 다시 와서 너희를 내게로 영접하여 나 있는 곳에

너희도 있게 하리라." 하셨다. 아멘, 할렐루야! 이제 우리는 어느 길을 걸어야 할지 망설일 필요가 없다.

　나는 매일 저녁 불 켜져 환하게 보이는 산속의 길을 볼 때마다 예수님이 감람산에서 제자들과 함께 지내며 말씀을 전하시던 모습, 마지막 십자가를 지시기 전 감람산 겟세마네 동산에서 땀이 핏방울이 되도록 기도하신 모습(눅 22:44), 부활하신 후 제자들에게 성령을 보내 줄 테니 복음을 땅끝까지 전하라는 유언을 하시고 승천하신 모습(행 1:8—12)들을 상상하며 믿음을 굳건히 하고 있다. 또한 이 감람산에는 감람나무(올리브)가 많이 있어 이스라엘 백성들의 음식, 불을 켜는 기름, 상처 치료 약, 건축재료로 쓰여 사람들을 기쁘게 한다. 이와 같이 우리 부부에게도 하나님 아버지가 아파트 앞에 기쁨의 우리 감람산을 주셔서 매일 '하나님 나라를 구함으로' 일용할 영과 육의 양식을 받게 하신다. 아멘.

천국 사랑방에서 다시 오시는 신랑 예수님

나는 새벽에 알람 소리를 듣고 눈을 뜨면 제일 먼저,

"주 예수 그리스도 나의 아버지 하나님, 내게 은혜와 긍휼을 베풀어 주셔서 잠 잘 자게 해 주시고 오늘 하루를 주님이 주시는 사랑과 돌보심으로 살아가게 하시니 감사합니다." 한다. 그리고 성경을 읽고, 쓰고, 더운물을 마시고 옥수숫대 삶은 물로 가글을 하고 교회로 온다.

지금은 잘 안 쓰는 말이지만 옛날 한옥에서는 아내가 사랑방에 있는 남편을 높여서 말할 때,

"사랑에서 하시는 일이라 저는 잘 모릅니다."라고 말하기도 하고, 아내 앞에서 그녀의 남편을 높여서 부를 때,

"사랑양반은 무슨 일을 하시는가요?" 하였다고 한다. 또 사랑하는 남녀나 부부가 싸우면,

"사랑싸움이구나!" 하고 웃으면서 이야기한다.

그럼 기독교에서 말하는 예수님의 사랑은 어떤 것인가? 누가 사랑을 영어 Love의 알파벳인 네 글자로 풀어 놓은 것이 있어 성경 말씀과 함께 소개 해본다.

첫 번째 'L'은 'Laugh'로 소리 내어 웃을 때 쓰는 말이다. 사랑은 웃는 것이다. 사랑하는 사람은 서로 웃음이 끊이지 않는다. 남들이 볼 때 웃을 일이 아닌데도 사랑하는 사람들은 웃는다. 우리 부부는 서로 싸우다가도 킥킥거리며 웃어 싸움이 싱겁게 끝나 버릴 때도 있다. 하나님은 우리가 예배드릴 때, 남을 용서할 때, 중보기도 할 때 웃으신다.

기독교인은 웃어야 한다. 왜냐하면 우리를 회개시켜 돌이켜 죄 없이함을 받게 해 주신 예수님 때문에 유쾌하게 살기 때문이다. 사도행전 3장 19절에서 베드로 사도는,

"죄로 죽어야 할 우리가 예수님 때문에 살았으니 새롭고 유쾌하게 되는 날이 주님으로부터 너희에게 이를 것이라" 하셨다.

두 번째 'O'는 'OK'로 '그것으로 됐다.'라는 뜻이다. 이 OK라는 말은 미국 8대 대통령으로 당선된 Martin van Buren을 지지하는 사람들이 대통령의 고향인 Old Kinderhook 첫 자인 OK를 따서 Democratic OK Club(민주당 OK 클럽)을 만들어 선거에서 승리한 데서 시작되었다고 한다. 우리는 예수님의 사랑으로 모든 것이 다 해결되었다. 예수님이 십자가에서 "다 이루었다." 하시면서(요 19:30) 자신의 생명을 주어 하

나님과 원수 된 우리 사이를 사랑의 사이로 만들어 주신 사랑이기 때문에 예수님의 사랑은 OK가 된다.

세 번째 글자 'V'는 'Victory'로 '승리'이다. 사랑은 승리다. 로마서 8장 35절에서,

"누가 우리를 그리스도 사랑에서 끊으리요." 하면서 39절에서,

"아무 피조물이라도 하나님의 사랑에서 끊을 수 없으리라."로 마친다.

나폴레옹은 죽을 때,

"나는 총과 칼로 세계를 제패하려 했으나 실패했다. 그러나 저 나사렛 청년 예수는 사랑으로 세상을 정복했다."라고 말했다. 예수님의 사랑을 받은 우리는 승리한 사람이다.

마지막 글자 'E'는 'Enough'로 '충분하다, 넘친다.'라는 뜻이다. 주님의 사랑은 부족함이 없이 충분하다. 젊은 남녀가 사랑에 불타 있으면 눈이 어두워진다. 그 사랑으로 다 해결될 것 같다. 돈이 없어도 집이 없어도 내일 먹을 양식이 없어도 사랑으로 충분하다고 하지만, 그러나 곧이어 자기들의 사랑은 충분하지 않다는 것을 알게 된다. 그러나 예수님의 사랑은 충분하다. 다 없어도 예수님의 사랑 안에 있으면 다 해결된다. 마태복음 6장 33절 말씀을 풀어 보면,

"너희는 먼저 하나님을 사랑하고 예수님을 구하라. 그리하면 너희가 필요한 것들을 넘치게 풍성히 주시리라." 하셨다.

내가 매일 즐겨 부르는 찬송 중에 〈아 하나님의 은혜로〉의 후렴 옛날 가사인 "내가 믿고 또 의지함은 내 모든 형편 잘 아는 주님 늘 돌보아 주실 것을 나는 확실히 아네" 하고 부르면 마음에 평안이 밀려온다. 왜냐하면 내 모든 형편을 나보다 더 잘 아시는 주님께서 늘 돌보아 주실 것을 체험으로 알기 때문이다. 이제 천국 사랑방에서 계시던 예수님이 신부인 나를 데리러 다시 오시고 계신다. 신랑이신 예수님을 맞을 준비가 되었는가? 아멘.

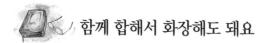
함께 합해서 화장해도 돼요

나는 지난 5월에 할아버지, 할머니 묘소를 아산에서 대전국립현충원으로 이장하기 위해 아산과 대전을 다녀왔다. 아내가 몸을 다쳐 혼자 마산에 가서 할아버지, 할머니 이장 절차를 치르려니 마음이 조금 쓸쓸했다. 101년 전에 하나님의 부름을 받아 돌아가신 나의 할아버지, 할머니 무덤을 열어 두 분의 시신을 화장한 후 대전에 있는 '국립대전현충원 독립유공자' 묘지에 안장해 드렸다.

마산에 갈 때마다 늘 대접하시는 마산 제일문창교회 김성곤 장로님이 이장을 하기 위해 허가받아야 할 여러 할 일이 많았는데 장로님이 아침부터 모든 일을 다 도와주어 편하고 빨리 끝나게 되었다. 식사를 대접해 드리려고 했는데 오히려 대접을 받아 하나님께 축복해 달라고 간절히 기도했다.

일이 너무 순조롭게 끝났고 이 모두가 여호와 이레로 하나님 아버지가 미리미리 준비해 주셔서 화요일 저녁에 도착할 예정이었는데 오후 1시에 집에 오니 아내가 깜짝 놀라며,

"어떻게 이렇게 빨리 와요? 다 마쳤어요?" 하는 소리에,

"응, 하나님 아버지가 다 준비해 놓으셨어." 하였다.

지금 한국에서는 교회에서 화장을 하도록 권유하고 있다. 작은 땅을 가진 나라에 묘지가 절대적으로 부족하기 때문이다. 그런데 사람들은 화장하는 것을 본인이나 자손들이 달갑게 여기지 않는다. 왜 그럴까? 제일 많은 생각은 육신을 불로 태운다는 것이 싫은 것이다. 또 후손들도 같은 생각을 갖고 있다.

특히 기독교인들은 부활할 때 우리 몸도 함께 부활하는 것을 믿기 때문에 기독교인은 절대로 화장을 하면 안 되는 것으로 알고 있고 지금도 이렇게 말하고 있는 교회도 있다. 그런데 이것은 우리의 죽음과 부활에 대해 하나님 말씀을 잘 몰라서 생긴 것이다. 땅에 묻혀서 썩은 것과 화장을 해서 타 버리는 것 중에 어느 쪽이 더 소멸해 버리는 것일까? 우리 생각에는 불에 타 버리는 것은 아무것도 없고 육체가 땅에서 썩는 것은 남는 것이 있다고 생각하지만, 땅에서 썩는 것은 시간이 오래 간다는 것뿐이지 결국 다 없어지는 것이다. 그래서 하나님이 전도서 3장 20절에,

"다 흙으로 말미암았으므로 다 흙으로 돌아가나니 다 한곳으로 가

거니와 인생들의 혼은 위로 올라가고 짐승들의 혼은 아래 곧 땅으로 내려간다"고 하셨다.

또 우리가 육신이 부활한다고 하니까 지금 이 몸이 부활하는 줄 안다. 그럼 전쟁 중에 팔다리를 잃은 사람은 팔다리가 없는 것으로 부활하는가? 화재로 다 타 버린 사람, 바다에서 죽어 고기밥이 된 사람은 어떻게 육체가 부활하나? 어린애 때 죽으면 어린아이이고 100세 때 죽으면 노인의 모습인가? 아니다. 성경은 먼저 죽은 자나 나중 죽은 자나 아무 차이가 없다고 한다. 다시 말하면 아브라함이나 내가 죽은 후 부활할 때는 아무 차이가 없다는 것이다.

왜냐하면 사도바울은 고전 15장 35절에,

"누가 묻기를 죽은 자들이 어떻게 다시 살아나며 어떠한 몸으로 오는가." 하고 묻는다고 하면서 15장 51절에서,

"마지막 나팔에 순식간에 홀연히 다 변화되어 너희가 지금 보는 이 육체가 아니라 아주 아름답게 변화된다"고 하셨다. 마치 징그러운 애벌레가 아름다운 나비가 되듯이, 검고 말라 버린 씨앗이 아름다운 꽃이 되듯이 우리가 변화된다고 하셨다 이것을 신학 용어로 '성도의 영화'라고 부른다. 또 고후 5장 1절에서는 우리의 몸을 '장막 집'이라 부른다. 이 장막 집이 무너지면 즉 "우리 육신이 죽으면 하나님께서 지으신 영원한 집이 우리에게 있다"고 하셨다.

이번에 빨리 마치게 된 이유 중 하나는 시신 화장이 오후에 예약이

되었는데 내가 담당자에게 "오늘 마치고 서울로 가야 되는데 어떻게 빨리 안 되겠느냐"고 하자 조금 후에 휴게실에서 기다리는 나에게 와서는,

"할아버지, 할머니 시신이 오래되어 유골이 얼마 없어서 두 분을 한 화로에 함께 화장하면 오전에 할 수 있습니다." 하며 "두 분을 함께 합해서 화장하는 것은 아닙니다." 할 때, 나는 그분에게,

"괜찮아요, 두 분을 함께 합해서 화장해도 됩니다." 하자 그분이 놀라면서 손을 저으며,

"함께 합하지는 않습니다." 하며 돌아갔다. 사실 놀랄 일이 아니다. 기독교인은 부모나 가족이 묻힌 무덤에 가서 기도할 때 그들이 무덤에 있다고 생각하면 안 된다. 이미 죽은 몸은 흙이 된 것이다. 이미 그 혼과 영은 하나님 나라에 가 있다는 것을 알아야 된다. 그래서 너무 무덤을 요란하게, 장례식을 호화롭게 할 필요가 없다.

이것보다 우리가 잊지 말고 준비해야 될 일은 화장을 하든, 매장을 하든 예수님이 다시 오실 때는 모두가 변화된 몸으로 부활하여 심판과 상급을 받게 된다는 사실을 믿어 믿음과 행함의 삶을 살아야 된다는 것이다. 아멘.

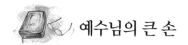# 예수님의 큰 손

지난 6월에 앞으로 내가 내게 될 3번째 신앙 간증 책《내가 마침내 다 이루었다》표지 그림을 30년 전에 브라질 리우데자네이루 예수님 상에서 찍은 사진으로 정하였다. 내가 미국 서북부 지방회 소속 온누리교회를 담임하고 있을 때 미주 성결교단 총회가 남미 브라질에서 열리게 되어 목사님 다섯 분하고 아내와 함께 처음으로 브라질을 방문하게 되었다.

그때 비행깃값을 절약하기 위해 3번이나 비행기를 갈아타고 갔다. 아내는 여행을 좋아해 비행기만 봐도 좋아하기에 비행기를 몇 번을 갈아타도 좋다고 하지만 나와 다른 목사님들은 아주 힘들어했다. 그래도 난생처음 가 보는 브라질이라 다들 들뜬 마음이었다.

총회를 마치고 우리는 일주일 여정으로 세계 최대의 폭포인 이과수폭포를 보려고 입구에 들어서자 폭포 소리가 들려왔고, 이어 눈앞에 웅장한 모습이 들어왔다. 우리는 모두 "와." 하며 감탄 소리가 나왔다. 거의 1시간 이상을 걸으면서 폭포를 보기는 처음이었고 아름답고 웅장하며 우리 귀에 들리는 폭포 물 떨어지는 소리는 지금도 귀에 들리는 듯하다. 보트를 타고 악마의 목구멍이라는 바로 폭포 떨어지는 입구까지 갈 때는 공포까지 느낄 정도였다. 미국 루스벨트 대통령 부인이 이과수폭포를 보며 "오 불쌍한 나이아가라."라고 했다는 말에 나도 공감이 갔다.

이과수폭포를 보고 난 후 리우데자네이루에 있는 예수님상을 가 보았다. 750m 높이의 코르코바두 산꼭대기에 서 있는 예수님상은 높이가 30m 손바닥 길이가 3m 정도로 큰 모습이었다. 내가 예수님상을 처음 본 순간, 마치 구름을 타고 오시는 것처럼 두 손을 활짝 벌리고 하늘 구름 위에 서 계신 것 같았다. 이 동상이 세워지기까지에는 하나님의 계획과 인간의 순종이 아름답게 나타나 있는 것이다. 예수님 동상은 브라질 독립을 기념하고 축하하기 위해 불란서에서 브라질에 선물을 한 것이라고 한다.

처음에는 십자가를 세우자는 의견이 있었으나 어느 사람이 십자가보다는 다시 오실 예수님 동상을 만들자는 의견을 내놓아 로마 교황청에 허락을 받아(가톨릭 국가이기 때문에) 세우게 되었다고 한다. 가톨릭 국가에서는 예수님 동상보다 마리아상을 더 많이 세우는데 어떻게 예수님 동상을 세우게 되었는지 생각해 보면 하나님의 계획임을 알 수 있을 것 같았다.

백 개 이상의 계단을 밟고 예수님 동상 발 앞에 가서 머리를 들어 예수님상을 바라보고 있는데 예수님 눈빛이 나를 바라보시면서,

"잘 왔다." 하시는 것 같아 나의 눈에 눈물이 나며 나는 내 입으로,

"이다음 천국에 가면 예수님이 나를 이렇게 맞아 주시겠지요." 하였다.

저녁이 되어 사방이 캄캄한데 산은 안 보이고 예수님의 모습만이 하늘에 나타나는 것이 아닌가? 정말 재림하시는 예수님의 모습이었다. 저녁 불빛을 받은 예수님 모습은 요한복음 1장 9절,

"참 빛 곧 세상에 와서 각 사람에게 비추는 빛이 있었나니." 하신 말씀 같았고 낮에 본 예수님의 모습은 요한계시록 1장 7절,

"볼지어다 구름을 타고 오시리라 각인의 눈이 그를 보겠고…." 하신 말씀 같았다.

내가 왜 이 사진을 표지 그림으로 정했냐 하면 마치 예수님의 오른손이 내가 든 오른손을 잡아 주시면서 내 일생을 "내 맘이다 왜~", "내가 해 주마 그때에~"로 함께 하시다가 마지막에 "내가 마침내 다 이루었다."로 끝내 주시는 것 같기 때문이다. 그래서 나는 이 책 제목들을 외칠 때마다 하나님 아버지가 이 책을 통해서 이루어 주실 일들 기대하면 마음이 뜨거워진다.

나는 예전에 미국에서 목회할 때 환상 중에 내가 큰 구렁이 이빨 사이에서 씹히는 순간 예수님의 크신 두 손이 구렁이 아가리를 쫙 찢어 버리시고는 나를 끄집어내 주신 것을 잊을 수가 없다. 그뿐 아니라 지금까지 예수님 손이 도망가는 나를 붙으시고, 보호하시고, 복 주심을 늘 체험하며 살아가고 있다.

어디 나만이겠는가. 하나님이 믿음 주셔서 택함을 받은 모든 사람은 이와 같이 하나님이 함께해 주시기 때문에 우리가 긍휼하심을 받고 때를 따라 돕는 은혜를 얻기 위하여 은혜의 보좌 앞에 예수 그리스도의 이름으로 나아가자. 아멘.

Amen **N**

Nice give with God's word

하나님 말씀과 함께 아멘(Amen) 하며
멋지게 이웃들과 나누며 살아갑니다.

즐거워하는 자들과 함께 즐거워하고 우는 자들과 함께 울라
서로 마음을 같이하며 높은 데 마음을 두지 말고
도리어 낮은 데 처하며 스스로 지혜 있는 체하지 말라
아무에게도 악을 악으로 갚지 말고 모든 사람 앞에서 선한 일을 도모하라
할 수 있거든 너희로서는 모든 사람과 더불어 화목하라 아멘.

(로마서 12장 15—18절)

'차려', '정신 차려', '상 차려'

이런 말도 안 되는 우스운 이야기 한번 해 본다.

군대를 다녀온 청년이 범죄를 저질러 감옥에 가 1년을 살게 되었다. 이 청년은 감옥에서 어떻게 새사람이 되나 하며 생각하고 있었는데 마침 앞에 왕개미 한 마리가 기어가는 것을 본 순간,

"그래! 저 개미를 훈련시키면서 나도 훈련을 하자!" 하며 개미를 잡아 상자를 만들어 그 속에 넣고는 끼니때마다 먹이를 주기 전에,

"차려." 하는 소리와 함께 밥알을 상자 벽에다 붙여 주면 신기하게도 개미가 그 소리를 듣는 양 벽에 다리를 붙이고는 먹이를 먹었다.

몇 개월이 지난 후 이 청년이 개미를 꺼내 놓고는 실에 밥알을 달고 개미에게,

"차려." 했더니 개미가 두 발로 딱 서면서 실에 달린 밥알을 먹는 것

이었다. 그때 방 안에 있던 동료들도 모두 놀라 박수를 치는 바람에 간수가 놀라 달려와 보니 희한한 모습을 본 것이다. 이 소문이 퍼지면서 이 청년은 이 감방 저 감방으로 불려 다니며 개미의 '차려' 모습을 보여 주고는 대접을 잘 받고 감방에서 유명 인사가 되었다.

드디어 1년이 되어 감방에서 나온 이 청년은 자기가 감옥에 가는 바람에 떠나 버린 옛 애인인 여자 친구를 만났다. 그리고는, "내가 감방에서 지은 죄를 뉘우치고 새사람이 되기로 했으니 나와 결혼하자"고 하니 여자가,

"오빠가 뉘우쳤는지 어떻게 아나? 무슨 증거가 있나?" 하는 소리에 이 청년은 호주머니에서 상자 하나를 꺼내 안에 모셔 놓은 개미를 꺼내 테이블에 놓고는 개미를 향해,

"차려." 하니까 개미가 똑바로 서는 것이다. 여자가 너무 놀라자 이 청년은 "내가 감옥에서 1년 동안 이 개미를 훈련시키며 나를 훈련했다"고 하자 여자가 감동하여,

"오빠, 내가 오늘 근사한 식당에서 밥 살게." 하며 고급 식당을 찾아가 음식을 시키고는 앉아 있다가 여자가,

"오빠, 그 개미가 '차려' 하는 거 이 식당 주인에게 보여 주자." 하며 주인을 불렀다. 이 청년은 주인을 놀라게 해 주려고 개미를 상자에서 꺼내 테이블 위에 놓고는 주인이 오자,

"주인아저씨, 이 개미 좀 보소." 하니 주인이 깜짝 놀라더니 순간 엄

지손가락으로 개미를 꾹 눌러 죽이고는,

"손님, 정말 죄송합니다. 못 본 걸로 해 주세요. 그 대신 음식값은 안 내셔도 됩니다." 하며 가 버렸다.

이 청년은 너무 실망이 되어 밥도 안 먹고 밖으로 나와 넋 빠진 사람처럼 서 있는데 여자 친구가 와서는,

"오빠, 실망하지 마라. 개미를 그 정도로 훈련시킨 오빠를 보니 무엇을 해도 꼭 할 거다. 나 오빠랑 결혼할게. 같이 한번 '차려' 인생을 살아 보자." 하여 두 사람이 결혼하여 행복하게 살았다고 한다. 오히려 개미가 죽는 바람에 좋아하는 여자와 일생을 같이 살게 되었다.

'차려'는 모든 것의 기초다. 모든 것을 시작할 때 하는 말이다. 군대에서 훈련을 시작할 때 '차려'부터 배운다. 우리가 단체로 사람들 앞에 서서 노래를 할 때나 무슨 발표를 할 때 인사하기 전에 '차려' 하고는 인사한다. 우리가 막살 때 부모나 어른들이 "야 이놈아, 정신 차려!" 하는 것이 바로 정신을 가다듬으라는 뜻이다. 바로 살라는 뜻이다. 너를 돌아보라는 뜻이다.

믿음과 회개는 하나님 앞에서 '차려' 하는 것이다. 누가복음 15장 11절에서 24절에 나오는 집을 나간 둘째 아들이 허랑방탕하게 돈을 다 써 버려 거지가 되어 돼지가 먹는 열매도 먹을 수가 없게 되자 그때야 제정신이 들어 아버지 집으로 돌아오자 기다렸던 아버지가 정신 차려 돌아온 아들을 안고 상을 차려 잔치하며 다시 아들로 회복시켜 주었

다. 이것이 바로 회개이고 이 모습이 '차려' 하며 회개하고 새 삶을 사는 것이다. 회개로부터 오는 '차려'인 것이다.

내가 지금 무엇을 '차려' 해야 하는지 내가 제일 잘 알고 있다. 잘못된 것을 정신 차려 고치자. 그러면 개미도 듣고 차려 하게 하시는 하나님이 내가 '차려(회개)' 하면 하나님이 우리 앞에 '상을 차려' 주실 것이다. 그리고 시편 기자 말처럼 "내 잔에 넘치게" 복을 부어 주실 것이다. 그리고 시편 기자가 시편 23편 5절에서 고백한 것처럼,

"주께서 내 원수의 목전에서 내게 상을 베푸시고 기름으로 내 머리에 바르셨으니 내 잔이 넘치나이다."라고 감사할 것이다. 아멘.

두 가지 소문

어느 영혼 구원의 열정이 있는 권사님이 교통사고를 당해 병원에 입원하게 되었다. 이분이 병원 침대에서, '어떻게 하면 하나님의 말씀을 전할까.' 하며 기도하던 중 하나님이 지혜를 주셨다. 권사님은 딸에게 "간병인으로 예수 안 믿는 대학생이나 고등학생을 찾아 데려오라" 하자 딸이,

"엄마 학생들이 누가 간병 일을 하려고 해요." 그때 권사님이,

"그래! 내가 아르바이트 돈을 배로 준다고 해라." 해서 딸이 다니던 학교에 연락하여 학생 3명을 추천받아 어머니에게 데려왔다. 권사님은 이들을 퇴원할 때까지 이틀씩 번갈아 일하게 하였고 약속대로 아르바이트 비를 배로 주었다.

그런데 이 학생들이 하는 일이 침대에 누워 있는 권사님 옆에서 성경

로마서 말씀을 읽어 주는 것이었다. 할머니는 학생이 로마서 10장 9절, "네가 만일 네 입으로 예수를 주로 시인하며 또 하나님께서 그를 죽은 자 가운데서 살리신 것을 네 마음에 믿으면 구원을 얻으리니." 하며 읽을 때 권사님이 학생에게,

"애야 지금 읽은 곳이 어디냐."

"네, 로마서 10장 9절이에요."

"그래, 다시 한번 천천히 읽어 줄래?" 하였다. 이렇게 읽다가 학생이,

"할머니 예수는 누구예요?" 하고 묻자,

"응, 예수님은 이 땅에 오신 하나님 아들이시고 우리 죄를 용서하기 위해서 십자가에서 돌아가시고 다시 삼 일 만에 살아나신 분이시란다. 그래서 이 사실을 믿고 내 입으로 시인하면 누구든지 구원받아 천국에 들어가서 영원히 산단다. 얼마나 놀라운 일이냐." 하며 "애야 다시 한번 그 말씀 읽어 볼래." 이렇게 하여 마침내 예수님을 모르던 학생 3명이 모두 예수님의 소문을 듣고 믿게 하여 구원받는 복을 받고 그 미래를 복되게 해 주었다.

작년부터 내가 봉사하는 대광교회 실버 미니스트리 모임에서 말씀을 전할 때 함께 부르짖는 성경 말씀이 하박국 3장 2절,

"여호와여, 내가 주께 대한 소문을 듣고 놀랐나이다. 여호와여, 주는 주의 일을 이 수년 내에 부흥케 하옵소서. 이 수년 내에 나타내시옵소서. 진노 중에라도 긍휼을 잊지 마옵소서."이다.

왜 내가 이 말씀을 작년부터 지금까지 부르짖느냐 하면 매일 새벽 기도 때에 십자가 앞에서 무릎을 꿇고,

"아버지 하나님, 이 땅에 세우신 교회들을 생각하시고 용서해 주시고 부흥을 주시옵소서." 하면 내 마음에 들리는 음성이,

"하박국이 내게 기도한 3장 2절 말처럼 내 소문을 들어야 산다. 내 소문을 들어야 부흥이 된다. 그래야 회개할 수 있고 내가 진노 중에 긍휼을 베풀어 용서하고 축복해 줄 것이다." 하시기 때문이다.

역시 내가 "우리나라와 민족을 생각하셔서 악의 손에서 구해 주시고 보호해 달라고" 기도하고 또 내 아이들의 이름을 부르며 기도하면 역시 하나님이 똑같이,

"하박국 3장 2절 말씀대로 순종하기만 하면 너희가 살 뿐만 아니라 모든 일에 부흥의 일을 보게 될 것이다." 하시기 때문이다.

한국이 OECD(경제협력개발기구) 중에 10위 안에 든다고 자랑하는데 이혼율이 8위이고 아시아에서는 1위이다. 자살률은 부동의 1위를 지키고 있다. 무엇보다 가슴 아픈 일은 10대부터 30대까지 사망 원인이 자살인 것이다.

이런 이유가 무엇인가? 우리를 죽이는 사탄의 소문을 듣기 때문이다. 사탄이 속삭이는,

"돈이면 다 되는 세상이야! 외모만 예쁘게 하면 최고가 되는 거야! 네 인기는 끝났어! 차라리 죽는 게 나아!" 하는 소문을 듣고 자살로 생

을 끝낸다. 지금 우리나라의 큰 위기가 아이들을 안 낳고, 결혼도 안 하고 그냥 살다가 싫으면 헤어진다.

아이들을 낳아 다른 사람들처럼 키울 수가 없기 때문이다. 오히려 아이에게 고통이고 부부에게 애물단지라는 소문이 젊은이들을 지배하고 있기 때문에 나라에서 그동안 천문학적인 돈 몇십조 원을 쏟아 부어도 아무 소용이 없다. 그럼 이 소문을 바꿀 수가 없는가? 있다. 사탄의 죽이는 소문이 아니라 하나님의 살리는 소문을 듣게 하면 된다. 교회들마다 가장 귀하고 귀한 부서가 주일학교부터 청년 부서가 되어야 하고 이 교육 부서에 사람과 물질을 크게 투자해야 한다.

그리고 하나님의 말씀을 귀에 매일 같이 들려주고 집 곳곳에 말씀을 붙여 놓고 밥 먹듯이 영의 양식을 먹게 해야 한다. 무엇보다 아이들을 가르치는 선생님들을 아주 귀하게 여겨 교회 성도들에게 선생님들의 이름을 인쇄해 나누어 주고 기도할 때마다 그 이름을 부르며 중보기도 해야 한다.

아무리 사탄의 죽이는 소문이 흉흉할지라도 교회와 예수 믿는 사람이 하나님의 소문인 말씀을 듣고 회개하며 부르짖으면 하나님이 살려 주시고 부흥시켜 주신다. 캄캄하고 어두웠던 땅, 이 나라에 태평양 바다를 건너온 선교사들인 주님의 젊은 종들이 예수님의 소문(말씀)을 전해서 밝은 나라 복 받은 나라가 되었듯이 교회들이 다시 하나님의 소문(말씀)으로 일어나 다시 부흥의 복을 가져오자. 아멘.

십자가 넥타이

나는 금년 새해 첫 주일부터 넥타이를 하나만 매기로 했다. 미국에 있을 때 장로님 딸이 여행 다녀와서 선물해 준 십자가가 그려진 넥타이를 30년 동안 교회 행사가 있을 때 즐겨 맸었는데 앞으로는 넥타이를 매고 갈 필요가 있는 장소에 갈 때는 이 십자가 넥타이를 매고 갈 생각이다.

그동안 이런 생각을 목회할 때도 했었는데 실천하기가 어려웠다. 왜냐하면 목사님들에게 성도들이 여행을 다녀와서 주는 선물 중에 넥타이를 많이 주기 때문에 선물을 받으면 그 주일에 반드시 선물한 넥타이를 매고 나가는 것이 대접한 분에 대한 감사 인사이기 때문이다. 그런데 어떤 때는 두 분에게서 넥타이 선물을 받은 적이 있었는데 어느 것을 먼저 매야 될지 고민이 되었다. 그러다가 어느 목사님이 쓴 글을 읽으면서 나도 그분처럼 하게 되었다. 그분이 어떤 때는 한 주간에 장로님, 권사님 그리고 평신도에게 3개의 넥타이를 선물 받고 제일 첫 주일에는 평신도, 다음 주일에는 권사님 그리고 세 번째 주일에 장로님이 선물한 넥타이를 매었다고 했다. 그 목사님은 장로님과 권사님에게 미리 전화로 내용을 설명했더니 모두 "목사님 잘하셨습니다. 그렇게 하셔야지요." 하며 기뻐했다고 했다. 나는 '참 그 목사님이 배려와 지혜가 있구나.' 하며 나도 그렇게 따라 하게 됐다.

이제는 담임 목회를 마쳤기 때문에 자유롭게 십자가 넥타이 하나만 매어도 될 것 같다. 날마다 정장을 입을 때 '무슨 넥타이를 매야 하나.' 하며 이것저것을 갖고 거울 앞에 가서 목에다 대어 보는 번거로움이 없어져서 좋다.

그런데 이제 내가 십자가 넥타이 하나만 매기로 결정한 것은 성령님이 내 마음에 들려주신 음성 때문이다. 금년 1월 첫째 주일에 와이셔츠를 입고 무슨 넥타이를 매는가 하며 옷장에서 수북이 걸려 있는 넥타이 중 십자가 넥타이를 손에 잡아 목에 걸 때,

"수명아, 네가 이 많은 넥타이 중에 십자가 넥타이를 선택한 것같이 하나님이 너를 많은 사람 중에 선택하여 구원시킨 것을 알고 있느냐." 하는 음성을 들었기 때문이다.

성경 말씀에는 하나님께서 사람을 선택하신 모습이 많이 나온다. 이것이 바로 우리가 받은 구원이다. 나는 구원받기 위해 한 것이 아무

것도 없다. 그런데 어느 날 하나님이 나를 선택해 주셨다. 하나님이 아브라함의 두 아들 중 이삭을 택하시고 이스마엘은 버리셨다. 왜 그렇게 하셨을까? 이삭은 본처 자식이고 이스마엘은 후처 자식이기 때문일까? 그러면 이삭의 두 아들 야곱과 에서는 한 어머니 리브가 사이에서 난 아들들인데 야곱은 택하고 에서는 버리셨다고 하셨다. 그것도 어머니 리브가가 아기를 가졌을 때 하나님께서 말씀하셨다. 이삭이 하나님께 "왜 야곱은 택하고 에서는 버리셨냐"고 물었다면 하나님의 대답은,

"내 맘이다." 하실 것이다(창 25:23/ 롬 9:11~18).

어느 부자가 고아원을 방문했다. 이 방 저 방을 둘러보다가 그중 한 아이를 선택해서 자기 집에 데려다가 자기 양자로 삼았다. 그 아이는 하루아침에 고아와 가난에서 건짐을 받았다. 그뿐만 아니라 아버지가 갖고 있던 유산을 상속받고 모든 사람의 부러움을 받고 살아갔다. 무엇이 이 아이의 신분을 바꾸어 주었는가? 아이가 노력했는가? 고아원에서 열심히 일했는가? 고아원 원장의 마음에 들게 했는가? 아니다, 부자 양부모의 선택이었다. 그런데 고아원에 있던 다른 고아들이 부자에게 "왜 우리는 선택 안 하느냐"고 항의하며 "저 아이를 선택한 이유가 무엇이냐"고 물으면 그 부자는,

"내 맘이다, 왜 그러냐." 할 것이다.

나는 작년에 교회에서 뽑은 말씀 카드 레위기 20장 26절,

"너희는 내게 거룩할지어다. 이는 나 여호와가 거룩하고 내가 또 너희를 나의 소유로 삼으려고 너희를 만민 중에서 구별하였음이니라." 하신 말씀을 내 평생 마음에 담고 날마다 외치며 살아갈 것이다. 이 말씀보다 더 축복의 말씀이 어디 있겠는가! 우리는 예수님이 자기 생명을 주시고 우리를 선택해 주신 십자가 사랑의 선물을 제일로 감사하며 자랑해야 한다. 아멘.

참 멋진 중매

작년 8월에 아내 조카딸이 세상을 떠나 한양대학교 장례식장을 다녀왔다. 나이가 65세에 하나님이 불러 가셨는데 53세에 암에 걸려 여러 번의 수술을 하며 12년을 믿음으로 잘 이겨 왔다고 한다. 며칠 전 다른 조카딸 부부가 집에 와서 이런저런 이야기를 하다가 조카딸이 "언니가 너무 고통이 심해 이제 하나님이 데려가시면 좋겠다"고 하면서 "외동딸이 너무 착해 자기 앞날은 돌아보지 않고 오직 어머니만 간호하고 있다"고 안타까워했는데 하나님이 그 소리를 들으셨는지 다음날 데려가셨다. 장례식장에 가서 기도한 후 딸을 보니 나이가 30살이라고 하는데 20살 소녀같이 정말 착하게 생겼다. 잠시 조카사위와 음료수를 마실 때 나에게,

"고모부, 우리 연이 좋은 신랑 만날 수 있도록 중매도 해 주시고 기

도해 주세요." 하는 소리를 듣고 나는,

"그럼 기도하지. 하나님이 룻처럼 잘되게 해 주실 거야." 하며 위로
하고 왔다.

내가 조카의 딸 연이를 룻과 같이 축복해 달라고 한 이유는 하나님
이 어머니를 불러 가실 때까지 옆에서 돌보아 드렸기 때문이다. 그의
아빠가 "연이가 한 번도 짜증 내거나 싫어하지 않은 착한 딸"이라고
하는 말을 듣고 룻이 생각났기 때문이다.

성경에 나오는 인물 중에 제일 큰 복을 받은 사람이 누구일까? 이
런 질문을 나에게 한다면 나의 대답은 모압여인 룻이라고 말하고 싶
다. 왜냐하면 룻은 하나님을 감동시켰고 시어머니와 부자인 보아스
를 감동시켜 영권과 인권과 물권을 받았고 마지막에는 자녀권까지 받
아 구원의 완성을 시키신 예수 그리스도의 조상이 되었던 것이다(마
1:5). 그렇다면 룻이 어떻게 이런 축복을 받게 되었는가? 이렇게 믿음
으로 외치고 행동했기 때문이다.

> "룻이 가로되 나로 어머니를 떠나며 어머니를 따르지 말고
> 돌아가라 강권하지 마옵소서. 어머니께서 가시는 곳에 나도
> 가고 어머니께서 유숙하시는 곳에서 나도 유숙하겠나이다.
> 어머니의 백성이 나의 백성이 되고 어머니의 하나님이 나의
> 하나님이 되시리니 어머니께서 죽으시는 곳에서 나도 죽어

거기 장사 될 것이라 만일 내가 죽는 일 외에 어머니와 떠나면 여호와께서 내게 벌을 내리시고 더 내리시기를 원하나이다(룻 1:16~17).”

룻이 이렇게 기도하며 시어머니를 따라 이스라엘 땅으로 오는 모습을 보신 하나님은 룻의 마음에,

“내 사랑하는 딸 룻아! 이제부터 내가 네 앞날을 준비해 주마.” 하셨을 것이다. 그리고 하나님은 룻이 시어머니를 봉양하기 위해 이삭을 주우러 갈 때 시어머니의 친족 보아스 밭으로 발걸음을 인도하셨다. 그리고 보아스에게,

“보아스야! 지금 네 밭으로 가라.” 하셔서 보아스가 자기 밭에 가서 룻을 만나게 하시고 마침내 결혼을 시키셨다.

이것으로 끝나셨는가. 아니다. 마태복음 1장에 나오는 예수님의 족보에,

“살몬은 라합에게서 보아스를 낳고 보아스는 룻에게서 오벳을 낳고 오벳은 이새를 낳고 이새는 다윗 왕을 낳게(마 1:5~6) 하셨고 이 다윗의 후손을 통해 예수님을 이 땅에 보내 주셨다(마 1:16).”

룻이 하나님을 “나의 하나님이라”고 외치는 소리를 들으시고 하나님께서 일을 계획하시고 성취시켜서 크고 비밀한 일을 해 주셨다. 이와 같이 하나님은 참 멋진 중매를 해 주셨다.

지금 이 시대는 룻이 살던 사사기 시대 같다. 사람들이 하나님을 믿지 않고 자기 자신의 생각대로 살아가고 있다. 이제 우리 자녀들에게 무엇이 먼저 돼야 하는가? 예수 그리스도를 믿게 하고 하나님을 부르게 하는 것이다. 먼저 영권을 회복시켜 주면 좋은 배우자와 사람을 만나게 되고 물질이 더하여지게 된다. 자녀를 위해서는 생명도 내놓겠다고 하는 부르짖음이 세상 출세를 위한 부르짖음이 되면 안 된다. 영혼이 잘되지 않는 세상 출세는 죄가 되는 것이다. 믿는 사람은 바라지도 말고 구하지도 말아야 한다. 그러나 하나님의 영광을 위해서라면 얼마든지 자녀의 출세를 위해 구하자. 서원기도와 서원 예물을 드리며 하나님께 자녀의 복을 위해 구하자. 그리하면 모든 일에 하나님의 참 멋진 중매를 보게 될 것이다. 아멘.

커플 재킷

작년 겨울에 아내가 겨울에 입을 잠바를 사가지고 와서 입고는 나한테,

"마침 세일하길래 샀는데 어때요?" 해서 보니 아주 잘 어울렸는데 조금 큰 거 같아,

"디자인이 특이하고 멋있는데 조금 큰 거 같아. 어디 내가 입어 보자." 하며 입어 보니 나한테 딱 맞았다. 나는 잠바를 입고 거울에 비춰 보며,

"야! 이 잠바 여기 써 있는 글들이 너무 좋아서 내가 입어야겠다." 하였다.

잠바 앞뒤로 써 있는 'Significant, Common Unique'라는 영어 글씨를 보면서 나는 속으로 '예수님을 믿는 사람들이 이런 사람들 아닌가.'

생각했다.

영어의 Significant(시그니피컨트)는 '중요한'이라는 뜻이다. 그래서 Significant Others(시그니피컨트 아더스) 하면 나와 아주 중요한 관계로 만나는 사람들이라는 의미가 있다. 그리고 그 옷의 다른 글자 Common Unique(커먼 유니크)는 Common(평범한)이라는 말과 Unique(특별한) 말이 합해서 된 말로 '평범한 가운데 특별하다'는 뜻이다.

이런 말을 듣는 사람들이 바로 크리스천이다. 예수님께서 마태복음 5장 13절에서 16절에,

"너희는 세상의 소금이니 싱거워 맛이 없는 음식에 간을 맞춰 맛있게 하듯이 사람들에게 기쁨을 주고 또 죄악으로 부패되어 가는 어둠의 사회 속에서 방황하며 길을 잃어버린 사람들에게 너희는 세상의 빛과 소금이 되어 소망을 갖게 하는 아주 중요한 이웃이(시그니피컨트 아더스) 되어 너희 착한 행실을 보고 하늘에 계신 너희 아버지께 영광을 돌리게 하라." 하셨다. 이것이 바로 크리스천이 평범한 삶 가운데 특별한 커먼 유니크 사명을 가진 것이다. 때마침 미국에 사는 사촌 누님이 경상북도 청도에 사는 나이 많은 목사님의 글을 보내 주어 읽어 보니 평범한 삶 가운데 소금과 빛이 되는 좋은 예화라 여기에 조금 수정하여 옮겨 본다.

사랑하는 성도님들께 염치없는 한 가지 부탁을 드립니다. 제가 요즘 나이 먹고 일하기도 어려워 부업으로 화장품 판매를 시작했습니다. 정말 좋은 화장품이고 아무리 가난해도 살 수 있는 화장품이니 외면하지 말고 한 세트씩 사가지고 가시기 바랍니다. 이 화장품 이름은 평범하고 특별한 의미가 있는 커먼 유니크입니다. 화장품 종류는 주름이 생긴 얼굴에 바르는 '상냥함'입니다 이 크림은 주름살을 없애고 기분까지 좋게 합니다. 입술에 바르는 립스틱은 '칭찬과 미안'입니다. 이 립스틱은 험담하고 원망하는 입술을 칭찬으로 바꾸어 입술을 예쁘게 해 줍니다. 다음에는 맑고 예쁜 눈을 가지려면 '정직과 진실'이라는 화장품을 써 보세요. 그리고 피부를 촉촉하게 해 주는 '미소'라는 로션을 바르세요. 이제 옷을 입으시고 외출하기 전에 '기쁨'의 향수를 뿌리시고 나가세요. 만나는 사람들이 무슨 향수 쓰냐고 물을 겁니다.

마지막으로 저녁에 얼굴을 씻을 때 '감사'의 비누를 쓰면서 거울을 보며 "오늘 하루도 감사합니다." 하시고 잠자리에 드시면 미스코리아 저리 가라 할 정도로 아름다워질 것입니다. 이 화장품 다 사 주실 거지요? 여유가 있으시면 몇 세트 더 사서 다른 사람들에게 나누어 주시기 바랍니다. 그러면 당신은 중요한 이웃(Significant Others)이 될 것입니다.

주문하실 주소는 당신도 예쁘군 사랑하면 좋으리 1004번지

전화번호는 0191—9191입니다. 감사합니다.

아내가 사 온 옷은 내가 입고 아내에게 딱 맞는 옷을 사러 마켓에

가니 마땅한 옷이 없어 똑같은 옷 작은 치수를 사 오면서 내가,

"우리들이 처음으로 커플 재킷을 입게 되었네." 하자 아내가,

"노인네들이 주책이라 하지 않을까." 하며 웃었다. 하나님이 아담

과 하와에게 가죽옷을 입혀 주셨다(창 3:21) 하신 것처럼 우리 부부에

게 커플 재킷을 입혀 주셨다. 마치 한 쌍의 판다 곰 같다.

미국에 사는 둘째 아들에게 우리 부부가 재킷을 입은 사진을 보냈

더니 아들이 웃으면서,

"보기 좋네요." 할 때,

"이 옷에 써 있는 말이 좋아서 샀다. 이 말처럼 너희들은 우리들에게

중요한 사람이다. 그리고 너희들은 이웃들에게 커먼 유니크(Common

Unique) 같은 사람들이 되거라." 하였다.

나는 옷이나 구두나 새것을 살 때는 제일 먼저 교회에 나와 하나님

아버지께 보여 드린다. 지난 수요일 새벽기도회 때 새로 산 재킷과 새

구두를 신고 하나님 아버지께,

"어제 이 재킷과 구두를 사 주셔서 감사드립니다. 이 옷에 쓴 글처

럼 우리 부부를 중요한 사람으로 만들어 주셨습니다. 그래서 우리도

우리 이웃들을 중요하게 여겨 믿음과 복의 통로가 되게 해 주시기를
간구드립니다." 하며 감사 기도드렸다. 아멘.

눈 덮인 산 위에 나타난 십자가

작년 10월 말에 전화벨이 울려서 모르는 번호라 그냥 넘기려다 받아 보니 대뜸,

"할렐루야!" 하는 굵직한 목소리가 들려,

"누구세요?" 하니까,

"아니 목사님, 제 목소리를 잊어버리셨네요. 저 문 장로입니다." 하는 소리에 나는,

"문 장로님, 참 오래간만입니다. 평안하시지요?" 하자,

"네, 지금 한국에 나왔습니다."

"아 참 반갑네요, 지금 어디 있어요?"

"여기 평택입니다."

"그래요? 한번 만나야지요."

"네, 그런데 제가 허리 수술을 해서 차를 타기가 어려워 전화 드렸습니다."

"그럼 내가 그 근처로 갈 테니 만납시다. 문 권사님도 같이 나왔지요?"

"그럼요~"

문만석 장로 부부는 내가 잊지 못하는 분이다. 미국에서 목회할 때 교회를 개척하고 5년 만에 조그만 교회당을 구입하여 옮긴 후 이들 부부가 자녀 세 명과 함께 교회에 와서 온 가족이 아름답게 헌신하여 교회 부흥의 밑거름이 된 분이다. 특별히 부인이신 문형석 권사님의 기도는 성령 충만하여 듣는 사람의 마음을 요동시키곤 하였다.

그런데 이런 능력의 기도가 어디서 나오는가 했더니 미국에 오자마자 암이 발견되어 수술하게 되고 보험이 없어 수술비를 내고 나니 한국에서 가지고 온 돈을 다 써 버리고 살길이 없자 아파트에서 매일 저녁마다 온 가족이 예배드리고 울며 통성기도를 했다. 그 소리를 위층에서 들은 어떤 권사님이 찾아와 사연을 듣게 되고 그때 마침 권사님 아들이 운영하다 장사가 안돼서 팔려고 내놓은 조그만 마켓을 권사님이 아들에게 말해 월부로 갚기로 하고 가게를 인수하여 큰돈을 벌게 되었다.

이렇게 하나님께 부르짖고 기도해도 계속 암이 재발하고 다른 곳으로 전이되었고 세 번의 암 수술을 받고 100여 번 가까이 방사능 치료를 받던 중 심장이 손상되어 결국 의사가,

"당신은 다른 사람의 심장을 이식하지 않으면 살 수가 없습니다." 하는 소리를 듣고도 전혀 걱정 근심 없이 오직 기도하며 '그로서리 스토어'를 운영했다. 이분은 손님들이 물건을 10불어치 사고 가면,

"하나님 감사합니다. 십일조 1불 드립니다." 하며 그 자리에서 1불을 구별하여 방석 밑에다 보관하고 이렇게 물건을 팔 때마다 십일조를 구별하여 주일에 하나님께 드리면서 자기에게 맞는 심장을 줄 사람을 기다렸다.

한국 사람은 미국 사람보다 심장이 작아 구하기가 힘들었는데 10개월 후 병원에서 연락이 와 심장이식 수술을 받았다. 그러나 수술 도중에 의사의 실수로 팔다리 신경을 잘못 건드리는 사고가 발생했다. 응급수술을 통해 다리는 약간 회복되었으나 팔이 썩어 들어가 의사가 "팔을 잘라야 살 수 있다"는 말을 할 때 장로님이,

"안 됩니다. 아내가 수술 후 마취에서 깨어나 팔이 잘려진 것을 보면 얼마나 놀라겠어요." 하며 거부하여 결국 팔 안쪽을 다 긁어내어 오른팔과 손은 모양만 남고 쓸 수가 없게 되었다.

장로님은 의사가 '자기 실수'라고 할 때 병원을 상대로 고소하고 싶었지만, 예수 믿는 사람이라 그만두고 하나님께 아내를 살려 달라고 간절히 기도했다. 그런데 심장이식 수술과 팔 수술이 끝난 후 의사의 허락을 받아 병실 밖 베란다에 큰딸과 함께 나와 멀리 보이는 사계절이 하얀 눈으로 덮여 있는 마운트 후드 산을 바라보고 있는데 갑자기

흰 눈이 덮인 산에 십자가가 나타났다. 장로님과 권사님 그리고 딸은 너무 놀라 동시에 그들의 입에서,

"아 저 눈산에 십자가가 나타났네!" 그래서 장로님이 동영상과 사진을 찍고 있는데 문 장로님이 마음에 하나님이,

"내가 너희들과 함께하고 있다." 하는 음성을 들은 후 마음에 평안이 찾아왔다고 했다.

우리 부부는 장로님이 찍은 사진을 보고 또 보면서 내가 살면서 여러 번 가 본 오리건 마운트 후드 눈산에 나타난 예수 그리스도의 십자가를 성도들에게 자랑하고 보게 하여 십자가의 구원을 확신시켜 주고 싶어 장로님으로부터 사진을 전송받아 실버분들에게 보여 주며 설명을 했더니 모두가 큰 은혜를 받았다. 왜냐하면 가끔 우리가 구름 속에 나타난 십자가나 예수님 모습을 동영상에서 볼 때, "야 이거 합성한 거 아냐?" 할 때가 있다. 그런데 장로님이 나에게 보여 준 십자가는 합성도 아니고 거짓도 아니라는 것을 증명할 수 있기 때문이다.

고린도 전서 1장 18절에,

"십자가의 도가 멸망하는 자들에게는 미련한 것이요, 구원을 얻는 우리에게는 하나님의 능력이라." 하신 사도바울의 신앙고백이 우리 믿는 사람들의 고백이 되어야 하고 사도바울처럼 우리도 "우리 주 예수 그리스도의 십자가 외에 결코 자랑할 것이 없다(갈 6:14)"고 고백하며 살아가야 할 것이다. 아멘.

원망의 말을 들으시면서도

일전에 나는 나를 원망하며 보낸 일들이 있었다. 월요일에 김 장로님 부탁으로 브라질에서 선교하다 코로나로 세상을 떠난 선교사분들 가족에게 위로금을 보내기 위해 자전거를 타고 은행에 가서 송금하고 집에 도착하여 아파트 입구 문을 열기 위해 열쇠를 넣어 둔 조그만 지갑을 찾았더니 지갑이 없는 것이다. 나는 이 주머니 저 주머니를 뒤지고 있는데 은행에서 전화가 와 내 이름을 묻고는,

"여기 어느 분이 검은 지갑이 땅에 떨어졌다고 가져왔습니다. 찾아가세요." 하는 소리를 듣고 다시 은행으로 가면서 나에게 '너는 왜 그렇게 물건 하나 제대로 못 챙기냐.' 하며 원망했다. 그 지갑 속에 비자 카드가 들어 있었기 때문에 누가 갖고 갔으면 신고하느라 고생했을 것이다. 나는 은행 직원에게 감사하고 돌아오면서 누군지 지갑을 맡

겨 둔 분에게 감사했다. 그리고 '이 나라는 참 좋구나.' 생각했다.

그런데 그다음 날 아침에 상일동 전철역에 과일과 야채를 싸게 파는 곳에 가서 몇 가지 물건을 사고 아내는 걸어서 집으로 갔고 나는 자전거에 가득 싣고 와 집에 도착해 물건을 내리는데 가방이 없는 것이다. 나는 그때 물건을 싣기 위해 가방을 땅에 놓아두고 그대로 온 것이 생각나 다시 과일 가게를 가면서 나에게 '야 너는 왜 그러냐. 어제는 지갑을 떨어뜨리더니 오늘은 가방을 놓고 오느냐 정신 좀 차려라.' 하며 나 자신을 원망했다. 그런데 과일 가게를 가 보니 가방이 없었다.

나는 주인에게,

"여기 누가 조그만 검은 가방 갖다 논거 없나요? 조금 전에 과일 사고 저기 바닥에 놓고 그냥 갔거든요." 하자 주인이,

"없는데요." 하는 소리에 나는 가게 주위를 이리저리 둘러보다 허탈한 마음으로 돌아오면서 내 입에서,

"아니 왜 남의 가방을 가져가나. 거기 무엇이 있다고 나쁜 놈 아냐? 도둑놈 아냐?" 하며 원망의 말을 쏟아 냈다.

나는 한국에 와서는 조그만 검은 가방을 늘 갖고 다닌다. 목회할 때는 차가 있어 차 안에 갖고 다녔지만 한국에서는 차가 없어 성경과 기도할 재료들을 갖고 다녀야 되고 생활에 필요한 물건들을 사서 비닐 백에 갖고 오는 것보다 가방에 넣어 어깨에 메고 오면 무거운 것도 쉽

게 갖고 올 수 있다. 그래서 가죽 가방보다 튼튼하고 신축성이 있는 천 가방을 늘 갖고 다닌다.

가방이 꼭 필요해 점심을 먹고는 아내에게,

"지난번 가방 샀던 동대문에 가서 똑같은 가방 사자. 가다가 과일 가게 다시 들러 혹시 누가 갖다 놓았는가 물어보자." 하며 가 보았더니 아무도 안 갖다 놓았단다. 나는 다시,

"나쁜 놈, 도둑놈, 가방 안에 아무것도 없으면 다시 갖다 놓을 거지." 하며 욕을 했다. 그래도 내 마음속에 가방에서 성경과 기도하는 재료들을 빼놓고 간 게 감사했다.

아내는 기억력도 좋고 길눈이 밝아 3년 전에 가방 산 가게를 금방 찾아 똑같은 가방을 샀다. 내가 주인 여자에게,

"얼마지요?" 했더니,

"8,000원이에요."

"8,000원이요? 아니 왜 그렇게 싸요? 지난번에 15,000원 주었는데." 했더니 주인 여자가,

"15,000원에 판 적이 없어요." 하는 소리에 8,000원을 주고 오면서 아내에게,

"저 가게 맞아?"

"응, 저 주인 여자 맞아."

"그런데 어떻게 8,000원을 받아 그때 우리가 몇 군데 가게 다녀 보

있는데 모두 20,000원 달라고 해서 저 가게에서 15,000원에 샀잖아."

"그래 맞아."

"여하튼 싸게 사서 좋다." 하며 기분이 좋아졌다. 나는 가방 산 지 3년이 지났으니 20,000원이나 25,000원은 줘야 사겠다 생각했는데 말이다.

나는 집으로 오는 전철 안에서 '어떻게 8,000원에 샀지.' 하다 하나님 아버지가 내가 원망하고 속상해하니깐 원망하는 말을 들으면서도 가방을 싸게 사게 해 내 기분을 좋게 해 주신 것 같아 너무 미안하고 죄송했다.

이렇게 내 잘못으로 가방 하나를 잃어버려도 원망하고 불평하는데 하나님 아버지는 우리를 사단이 뺏어 갔으니 얼마나 화가 나시고 약속을 안 지킨 우리가 얼마나 원망스럽겠는가. 그런데도 우리를 사랑하사 자기 아들 예수를 보내 주어 십자가에 죽게 하심으로 사단으로부터 우리를 다시 찾아오셨다. 로마서 5장 8절에,

"우리가 아직 죄인 되었을 때에 그리스도께서 우리를 위하여 죽으심으로 하나님께서 우리에게 대한 자기의 사랑을 확증하셨느니라."
하셨다.

대전 중문교회 장경동 목사님이 말씀을 전할 때 4가지로 사건을 풀때가 많다. 시작도 좋고 끝도 좋으면 4점 만점, 시작은 안 좋았는데 끝이 좋으면 3점, 시작은 좋았는데 끝이 안 좋으면 2점, 시작도 안 좋고

끝도 안 좋으면 0점이라 하여 사람들에게 복음을 쉽게 전하고 있다.

사단은 무슨 사건이 생길 때마다 시작을 원망으로 하고 끝을 원망으로 하여 우리를 죽인다. 시작과 끝이 나쁘니 0점이다. 그러나 예수님은 성탄절에 우리를 죄에서 구원시키러 오셔서 시작을 좋게 해 주시고 십자가에 죽으시고 사망에서 부활하셔서 끝을 좋게 하셨으니 만점이다. 그러니 무슨 일이든지 원망을 감사로 바꾸자. 이미 승리했기 때문이다. 아멘.

100점 믿음이다

50대 부부가 살고 있었다. 아내는 아주 착하고 남편은 욕심이 많았다. 어느 날 천사가 착한 아내에게 찾아와,

"너의 착한 일을 하나님께서 기뻐하셔서 소원을 들어주라고 하신다. 말해 보거라." 하자 아내는,

"나와 반평생 함께해 준 사랑하는 남편이 고생만 하고 지금까지 함께 여행 한 번 가 보지 못해 마음이 아픕니다. 더 늙기 전에 남편과 세계 일주 여행을 가서 둘만의 행복한 시간을 보냈으면 합니다." 했더니 천사가 그 소원을 들어주었다.

세계 여행을 마치고 돌아온 후, 천사는 이번에는 남편에게 소원을 물었다. 남편은 아내가 보이지 않는 곳으로 천사를 데리고 가서 이렇게 소원을 말했다.

"제가 이번에 아내와 함께 세계 여행을 다녀 보니까 아름다운 곳이 많이 있었습니다. 그리고 얼마나 여자들이 예쁜지 모르겠습니다. 천사님, 제 소원은 저보다 훨씬 젊은 20년 아래 여자와 함께 살며 여행을 해 보았으면 좋겠습니다." 하였다. 그때 천사는,

"그래, 알았다. 지금 당장 들어주겠다." 하며 남편을 70대 노인으로 만들어 주었다. 아내의 소원은 믿음의 기도요, 소망이고, 남편의 소원은 믿음도 아니고 욕심이다.

예전에 한국에서 발간된 《좋은 소식》이라는 책 안에 두피 로빈스(Duffy Robins)라는 사람이 신앙인의 두 가지 모습을 대조하여 적은 믿음의 글을 읽은 적이 있다. Duffy Robins는 믿음 안에 있는 사람도 유치한 믿음(Childish Faith)이 있고 어린아이 같은 믿음(Child like Faith)이 있다고 하였다.

나는 이 글을 읽으면서 유치한 믿음보다 예수님이 마태복음 14장 31절에서 말씀하시는 믿음이 적은 자(Little Faith)와 로마서 15장 1절에서 말씀하시는 믿음이 장성한 자(Strong Faith)라고 말하고 싶다. 그럼 믿음이 적은 자(Little Faith)는 어떤 사람인가?

첫째: 성도에게 결코 고난이 없다고 믿는다.

둘째: 성도의 살아가는 목적은 행복이라고 믿는다.

셋째: 하나님은 모든 기도를 다 들어주신다고 믿는다.

넷째: 성도는 하나님의 뜻을 다 이해할 수 있다고 믿는다.

다섯째: 성도는 모든 부분에서 항상 승승장구해야 한다고
믿는다.

이와 반대로 믿음이 강한 자(Strong Faith)는 어떤 사람인가?

첫째: 하나님은 고난을 사용하신다는 것을 믿는다.

둘째: 성도의 살아가는 목적을 거룩이라고 믿는다.

셋째: 기도의 응답은 그래(Yes), 아니다(No), 기다려라
(Wait)로 주어진다고 믿는다.

넷째: 성도는 하나님의 뜻을 다 이해하지 못한다고 믿는다.

다섯째: 성도는 우리의 강함을 자랑하는 것이 아니라 우리
의 약함을 사용하시는 그분을 인정하는 것이라고
믿는다.

이와 같이 성경 말씀에서는 믿음을 적은 믿음(마 14:31), 연약한 믿
음(롬 14:1), 행함이 없는 죽은 믿음(약 2:17)이라고 하는가 하면 예수님
이 이스라엘 사람 중에도 이만한 믿음을 볼 수 없다고 칭찬한 백부장
의 장성한 믿음(마 8:10)과 가나안 여인의 큰 믿음(마 15:28) 등이 있다.

이렇게 여러 믿음이 있지만 예수님께서,

"너희는 나를 누구라 하느냐." 하고 물으실 때 시몬 베드로가 대답한 것처럼,

"주는 그리스도시요, 살아 계신 하나님의 아들이시니이다(마 16:15~16)." 하는 믿음의 고백을 하면 예수님이,

"너는 100점 믿음으로 사는 사람이다." 하실 것이다. 왜냐하면 예수님은 우리가 겨자씨만 한 작은 믿음(마 17:20)이라도 갖고 있으면 기쁘게 받으시기 때문이다.

그런데 이런 고백을 하여 칭찬을 받은 베드로도 주님이 십자가를 지실 때는 무서워 3번이나 주님을 모른다고 부인하며 저주까지 하는 작은 믿음의 모습을 보여 주었다. 그래도 주님은 부활하신 후 베드로를 찾아와 3번이나 "네가 나를 사랑하느냐." 물으시고 내 양을 치고, 기르고, 먹이라고 하셨다. 이와 같이 믿음은 강하다가 약해지기도 하고 시험에 들기도 하는 여러 모습이 있다. 그러니 우리 믿음의 사람은 남의 믿음을 비판하거나 판단하지 말고 다 용납하고 받아 주는 강한 자의 믿음을 갖도록 몸부림치며 훈련하면 주님이 보시고,

"네 믿음은 100점 믿음이다." 하시며 칭찬하실 것이다. 아멘.

복음 명찰

지난 주간에 나는 내 옷에 조그만 성경 구절을 적은 명찰을 달고 다니며 사람들에게 칭찬도 받고, 질문도 받고 또 좀 이상한 사람 같다는 인상도 받고 있다. 가끔 시내 거리에서 보면 가슴에 흰 천으로 성경 말씀을 인쇄해 걸치고 큰 소리로,

"예수 믿으세요." 하는 소리를 들을 때마다 속으로 '좀 지나친 것 같다'고 생각했다.

그러나 그 용기는 대단했다. 그래서 나는 '전도하는 데 무슨 좋은 방법이 없을까?' 하며 고민하던 중 마침 목사님들이 양복 재킷에 달고 있는 명찰을 보면서 '저 명찰에다 성경 구절을 새겨 내 옷에 달고 다니면 전도가 되겠구나.' 하는 생각이 들어 강 목사님에게 성경 구절을 주고 명찰을 주문해 달라고 부탁했다. 성경 구절은 사도행전 16장 31절,

"주 예수를 믿으라. 그리하면 너와 네 집이 구원을 얻으리라."라는 말씀이다.

하루는 이 말씀 명찰을 양복 재킷에 달고 전철 노인 좌석에 앉아서 가는데 맞은편에 앉은 세 사람 중 한 여자분이 나를 보고 또 보고 하는 표정을 보니 '좀 이상한 사람이다.' 하는 것 같았다. 지난 화요일에는 병원에 가서 서류 접수를 하는데 간호사가 나를 보더니,

"참 용감하시네요, 아버님." 하길래 나는,

"네? 왜요?" 하자,

"가슴에 성경 구절을 달고 다니시길래요. 저도 교회 다녀요." 하는 것이다.

어제는 내가 자주 가는 야채 과일 가게에 가서 참외와 당근 등 이것저것을 사고 계산하는데 돈 받는 여자분이 나를 힐끗 보면서,

"어디 교회 다니세요?"

"대광교회요."

"교회 좋던데요?"

"와 보셨어요?"

"아니요, 지나가다가 보거든요." 하는 소리에 뒤에 사람들이 기다리고 있어서 말을 더 못 하고,

"감사합니다." 하며 돌아섰다. 다음에는 돈 계산할 때,

"여기 우리 대광교회 사람들이 많이 와요. 물건이 싸고 좋다고 하네

요. 그리고 친절하다고 소문났어요."라고 말해 주려고 한다. 칭찬이 바로 예수님과 함께 나누는 멋진 전도이기 때문이다.

그런데 내가 이 명찰을 달고 다닐 때 나도 모르게 내 말과 표정과 행동을 돌아보게 한다. 가슴에 '예수'를 달고 다니면서 '내가 지금 말은 안 하지만 전도하는 거야. 다른 사람들이 나를 보고 있어.' 하며 나를 깨우치고 있다. 마태복음 5장 13절~15절에 예수님이,

"너희는 세상의 소금이다. 너희는 세상의 빛이라." 하시고는 16절에서,

"이같이 너희 빛을 사람 앞에 비치게 하여 저희로 너희 착한 행실을 보고 하늘에 계신 너희 아버지께 영광을 돌리게 하라." 하셨다.

브라질에서 목회할 때는 내 차 뒤 창문에 'Jesus Te Ama'라고 포르투갈어로 된 스티커를 붙이고 다녔다. 이 뜻은 '예수님이 당신을 사랑합니다.'라는 뜻이다. 브라질 사람들에게 전도할 때도 Jesus Te Ama 하면 그들도 웃으면서 Obrigado(감사합니다) 한다.

이렇게 차에 붙이고 다니는 첫 번째 이유는 예수님을 알리는 것이고, 두 번째는 강도들이 차 유리창을 깨고 물건을 훔쳐 가지 말라는 신호이기도 하다. 또한 이 스티커를 붙이고 다니기 때문에 항상 교통 법규를 잘 지키게 된다. 가끔씩 법규를 위반할 때 아내가,

"예수님 사랑 전하는 사람이 법규를 어기면 되나요." 하여 야단을 맞을 때도 있었다.

앞으로 이 복음 명찰을 달고 다니면서 여호와의 소문과 부흥이 일

어나기를 기대한다. 무엇보다,

"주 예수를 믿으라. 그리하면 너와 네 집이 구원을 얻으리라."라는 말씀이 복음 명찰을 본 사람들의 마음에 각인되어 예수님을 영접하고 구원을 받기를 원한다. 그래서 매일 아침 명찰을 옷에 달 때,

"예수 그리스도 이름으로 명하노니 이 명찰에 기록된 성경 말씀을 보고 믿는 자마다 구원을 받을지어다." 하며 선포하고 옷에 단다.

민수기 21장 4~9절에 보면 이스라엘 백성들이 광야 생활이 힘들어 원망하자 하나님께서 불뱀들을 보내 물려 죽게 하셨다. 이때 모세가 백성 대신에 용서를 구할 때 하나님께서 모세에게,

"불뱀을 만들어 장대 위에 높이 달아라. 물린 자마다 그 뱀을 보면 살리라." 하셨고 모세가 순종하여 만든 놋뱀을 바라본 자마다 살았다. 이와 같이 복음 명찰 말씀을 보고 그대로 믿는 자들은 다 구원받게 될 줄로 믿는다. 아멘.

내 이름 아시죠

성경을 창세기부터 읽어 가다 보면 출애굽기까지는 재미있게 읽어 가다가 그다음에 레위기가 나오는데 많은 사람들이 레위기를 안 읽으려고 한다. 왜냐하면 사람이 하나님께 죄를 지으면 죄 사함을 받기 위해 짐승을 어떻게 잡아 제사를 드려야 하고 또 사람에게 잘못하면 어떻게 변상해야 되고 하는 아주 재미없고 이해가 안 되는 말이 나오기 때문에 레위기를 껑충 뛰어넘어 민수기를 읽는 사람도 있다.

그다음 좀 가다 '역대상'이라는 성경책을 만나게 된다. 그런데 역대상 1장부터 읽기 시작하면 아담, 셋, 에노스하고 이름이 나오기 시작하여 발음도 내기 힘든 게난, 마할랄렛, 야렛 등 생전에 들어보지도 못한 이름들이 계속되어 자그마치 9장까지 사람 이름만 나온다. 그래서 이 부분도 읽다가 대충, 대충 읽고 넘어가기 일쑤다. '왜 하나님은

성경에 이런 이름들을 올려놓았을까.' 하고 처음에는 궁금했으나 나중에 하나님이,

"나는 너희들이 잘 아는 아브라함, 이삭, 다윗, 모세, 바울, 베드로만 기억하는 것이 아니라 내 자녀의 이름 모두를 다 기억하고 있단다. 물론 네 이름도 나의 생명책에는 적혀 있다. 나는 너도 아브라함처럼 사랑한단다." 하는 하나님의 마음을 깨닫고 나서는 그렇게 그 이름들이 다정하고 가깝게 느껴질 수가 없었다. 어느 목사님은 성경에 좋은 일을 한 사람들의 이름이 나오면 그 이름을 읽다가 자기 이름도 그 속에 한 번씩 넣고 읽는다고 한다. 아주 지혜 있는 분이시다.

그래서 나도 이 글을 읽은 후부터는 성경 말씀에 좋은 이름이 나오면 내 이름을 꼭 넣고 읽는다. 예를 들어 역대상 4장 9절에서,

"야베스는 그 형제보다 존귀한 자라…" 할 때 야베스 대신에 내 이름,

"수명이는 그 형제보다 존귀한 자라…" 하며 읽는다. 그때 내 마음에 내가 얼마나 존귀한 자인가를 깊이 느끼게 한다.

그리고 계속해서 10절에,

"야베스가 이스라엘 하나님께 아뢰어 가로되 원컨대…" 하는 구절에서도 야베스 대신,

"수명이가 이스라엘 하나님께 아뢰어 가로되 원컨대…" 하면 내 기도가 더욱더 간절해짐을 느끼게 하고 하나님께서 귀를 기울여 들으신다는 확신이 온다. 한번 직접 해 보면 큰 은혜를 체험할 것이다.

성경을 읽을 때도 하나님이나 예수님의 인칭대명사인 '그'나 '저'가 나올 때 인칭대명사를 '하나님, 예수님, 성령님'으로 바꿔서 부른다.

우리가 다 외우고 있는 요한복음 3장 16절 말씀,

"하나님이 세상을 이처럼 사랑하사 독생자를 주셨으니 이는 저를 믿는 자마다 멸망치 않고 영생을 얻게 하려 하심이라." 는 말씀에서 이는 '저를' 믿는 자마다를 이는 '독생자'를 믿는 자마다라고 읽으면 더 마음에 와닿는다.

역시 우리에게 구원받게 하는 로마서 10장 9절 말씀,

"네가 만일 네 입으로 예수를 주로 시인하며 또 하나님께서 그를 죽은 자 가운데서 살리신 것을 네 마음에 믿으면 구원을 얻으리니." 하신 말씀에서도 하나님께서 '그'라는 인칭대명사 대신 '예수'를 하고 읽으면 더욱더 '예수님을 통해서만 구원이 되는구나.' 하는 확신을 갖게 한다.

찬송을 부를 때도 마찬가지로 내 이름을 넣어서 부르면 기쁨이 더 충만하게 된다. 찬송가 180장 후렴에,

"나팔 불 때 나의 이름, 나팔 불 때 나의 이름, 나팔 불 때 나의 이름 부를 때에 잔치 참여하겠네" 하는 가사에서,

"나팔 불 때 나의 이름 수명이, 나팔 불 때 나의 이름 수명이, 나팔 불 때 나의 이름 수명이 부를 때에 잔치 참여하겠네" 하고 부르면 정말 주님이 오실 때 내 이름 "수명이" 하고 부르는 소리를 들을 것 같다.

또한 우리가 기도가 어렵다고 한다. 5분만 기도하면 더 이상 할 말이 없다고 한다. 그때 나의 기도를 도우시는 성령님께 내 이름을 외치며 기도하면 된다. 로마서 8장 26절에,

"이와 같이 성령도 우리 연약함을 도우시나니 우리가 마땅히 빌 바를 알지 못하나 오직 성령이 말할 수 없는 탄식으로 우리를 위하여 친히 간구하시느니라." 하신 말씀에서 '우리가'에 내 이름을 넣어서,

"수명이가 마땅히 빌 바를 알지 못하나 오직 성령이 말할 수 없는 탄식으로 수명이를 위하여 친히 간구하심을 믿습니다." 하며 내 이름을 넣어 기도하면 성령님이 도우심으로 하나님 아버지의 뜻을 알게 해 주신다.

우리가 즐겨 부르는 복음송,

"내 이름 아시죠 내 모든 생각도 아바라 부를 때 주가 들으시죠" 하는 노래를 생각 없이 부르지 말고 마음 중심으로 부르면 하나님이 내 이름을 잘 아시는 아버지이시고 뜨거운 사랑을 주심을 깊이 느낄 수가 있을 것이다. 아멘.

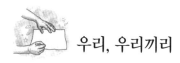

우리, 우리끼리

    어느 가정에서 가정예배를 드리면서 아버지가 중학교 다니는 아들에게 기도하라고 하니까 이 아이가 계속 입에서 나오는 말이,

    "예수님, 이 집에 평안을 주세요. 이 아버지, 어머니에게 예수님이 함께해 주세요. 이 동생이 제 말을 잘 듣게 해 주세요." 하는 것이다. 기도가 끝나자 중학교 1학년인 여동생이,

    "오빠, 왜 오빠는 우리 집을 '이 집'이라고 해? 왜 우리 아빠, 엄마를 '이 아버지, 어머니'라고 해?" 하면서 항의하자 오빠가 퉁명스럽게,

    "내 맘이야 왜 그래." 하였다. 그때 아버지가 아들을 향해,

    "아들, 그래, 좀 듣기가 그렇다. 우리는 한 가족이니까 '우리'라고 쓰면 좋겠다." 하였다.

    내가 배재중학교에 입학하여 학교 소개 때, 교가이면서 응원가를

몇 번 듣고 다 외워 버렸다. 나만 아니라 다른 친구들도 다 외워 함께,

"우리 배재학당 배재학당 노래합시다 노래하고 노래하고 노래합시다 우리 배재학당 배재학당 노래합시다 영원무궁하도록 라라라" 하며 부르니 금방 우리 학교라는 마음이 들어 학교가 좋고, 선생님이 좋고, 우리 친구들이 좋았던 것이 생각났다.

하나님과 예수님은 '우리'라는 말을 아주 좋아하셨다. 그래서 우리에게 마 6장 9~13절에서,

"너희는 이렇게 기도하라" 하시고, "하늘에 계신 우리 아버지여, 이름이 거룩히 여김을 받으시오며 나라가 임하시오며 뜻이 하늘에서 이루어진 것같이 땅에서도 이루어지이다. 오늘 우리에게 일용할 양식을 주시옵고 우리가 우리에게 죄지은 자를 사하여 준 것같이 우리 죄를 사하여 주시옵고 우리를 시험에 들게 하지 마시옵고 다만 악에서 구하시옵소서. 나라와 권세와 영광이 아버지께 영원히 있사옵나이다, 아멘." 하셨다. 이 주기도문에 보면 우리라는 말이 여섯 번 나온다.

어떤 욕심 많은 부자가 불치병에 걸려 사망 선고를 받아 세계 여러 나라를 다니면서 치료받으려고 했지만 고치지 못해 죽을 날만 기다리다가 한 신부로부터,

"주기도문을 하루에 300번을 소리 내어 입으로 말하면 하나님이 살려 주실 겁니다."라는 말을 듣고 이 사람이,

"그래, 이왕 죽을 거 주기도문이나 실컷 하다가 죽자." 하고 매일 주

기도문을 300번 말하기를 계속했는데 몸이 점점 좋아지고 마음이 평안해져서 병원에 가서 검사를 해 보니 의사가,

"이상하네요. 병이 다 나았어요. 기적입니다." 하는 소리를 듣고는 그다음부터 주기도문을 말할 때 우리라는 말이 생각나 이웃을 돕기 시작하여 몸만 아니라 영혼도 잘되는 복을 받았다고 한다.

우리 신앙생활에서도 교회를 향한 우리의 말이 중요하다. 교회를 항상 '이 교회보다 우리 교회'라고 하면 정이 가고 관심이 간다. 목사님을 항상 '우리 목사님'이라고 하면 사랑이 가고 감사가 생긴다. '이 교회'라고 말해 보자 마음에 어떤 생각이 떠오르는가. '나하고 거리가 멀어지는 느낌이 들지 않는가.' 그러나 교회도 '우리 교회', 성도도 '우리 성도' 하면 마음이 따뜻해진다. 정말 교회와 성도를 위해 간절히 기도하며 기쁨으로 봉사하게 된다. 나는 기도할 때마다,

"하나님 아버지, 우리 부부에게 좋은 우리 교회를 주셔서 참 감사드립니다. 우리 부부에게 좋은 우리 성도들을 주셔서 참 감사드립니다." 하면 가슴이 뜨거워진다.

내가 한국에 와서 느끼는 것 중 하나는 '우리'보다 '우리끼리'가 많다는 것이다. 우리라는 말은 따뜻함과 배려하는 마음이 있으나 '우리끼리'라는 말은 이기적이고 남을 무시하는 기분이 든다. 얼마 전에 윤석열 대통령 내외분이 한국 대통령으로는 처음으로 북대서양조약기구인 나토(NATO) 회의에 초청받아 참석하여 선진국 정상들과 대등

한 외교를 하고 귀국했다. 우리나라의 위상이 세계 정상들로부터 확인되는 모습에 나는 대한민국 국민이란 것이 자랑스러웠다. 이렇게 되기까지는 그동안 경제와 모든 분야에서 헌신하신 분들의 비전과 열정의 열매인 것이다.

이것을 정치하는 사람들이 '우리끼리 잘해서 이루었다'고 하면 안 된다. 대한민국 우리 국민들 모두가 잘해서 이루어진 것이고 우리나라 애국가에 있듯이 "하나님이 보우하사 우리나라 만세"로 된 것이다. 아멘.

백발의 면류관

나는 지난 주일 예배에서 말씀을 전할 때 성령님이 주시는 말씀의 선물을 받았다. 참으로 오래간만에 받은 선물이다. 그 선물은 시편 71편 18절 말씀이시다. 예배 후에 그 말씀을 성경에서 찾아보니,

"하나님이여, 내가 늙어 백수가 될 때에도 나를 버리지 마시며 내가 주의 힘을 후대에 전하고 주의 능을 모든 사람에게 전하기까지 나를 버리지 마소서."라는 말씀이시다.

내가 25년 전, 미국에서 목회할 때 기도 대장이라는 별명이 붙은 정권사님이라는 분이 대표 기도를 할 때마다,

"우리 목사님 쓰시다가 버리지 말아 주세요." 하는 기도를 해서 내가 마음이 몹시 상했는데 그때 이 말씀을 읽으면서 나는 '다윗 같은 분도 자기를 버리지 말아 달라고 했는데 나 같은 것이 무슨 기분이 나

쁘다고 하는가. 오히려 나를 정말 아끼는 정 권사님에게 감사해야 되겠구나.' 하며 회개한 적이 있었는데 지금 다시 이 말씀을 주셨다. 왜 이 말씀을 다시 주셨을까 생각하고 기도하고 있다.

하나님 아버지께서 우리 믿는 사람들에게 네 가지 권세를 주셨다. 영적 권세(영권), 인적 권세(인권), 물적 권세(물권), 그리고 축복 권세(축복권)이다. 그런데 이 네 권세는 모두 영적 권세만 받으면 나머지 세 권세는 보너스로 주어지는 것이다. 문제는 머리로는 알겠는데 이 권세를 어떻게 받아 누리는가이다. 믿음으로 생각하고, 말하고, 계속 기도하며 경건의 훈련과 절제의 훈련을 하면 응답받고 권세를 누리게 된다.

첫째는 내 마음과 생각이 언제나 '나는 하나님의 자녀이다.' 하며 하나님을 '아빠, 아버지'로 부르는 것이다. 로마서 8장 15절,

"너희는 다시 무서워하는 종의 영을 받지 아니하였고 양자의 영을 받았으므로 아빠 아버지라 부르짖느니라." 하신 말씀을 믿고 무서움이 올 때마다, 걱정이 올 때마다 "아빠, 아버지" 하며 내 마음을 하나님 아버지로 가득 채워야 한다.

둘째는 '살아 있는 믿음으로 말하는 것이 행하는 믿음이야.' 하며 내 생각과 말을 입으로 씨를 뿌리듯 뿌려야 한다. 모든 성공과 실패는 바로 마음과 입에서 이루어지기 때문이다. 그래서 하나님 아버지가 누구에게나 똑같이 주신 선물인 구원을 마음과 입으로 받게 하신 것이

다. 로마서 10장 9—10절 말씀,

"네가 만일 네 입으로 예수를 주로 시인하며 또 하나님께서 그를 죽은 자 가운데서 살리신 것을 네 마음에 믿으면 구원을 얻으리니 사람이 마음으로 믿어 의에 이르고 입으로 시인하여 구원에 이르느니라." 라고 말하면 살아 있는 믿음으로 고백한 것이라 100점 믿음이다.

셋째는 나 자신에게 'ㅇㅇ야, 응답이 될 때까지 계속 기도해야 되는 거야.' 하며 포기하지 말아야 한다. 성경 전체에서 하나님 아버지가 우리에게, "ㅇㅇ야, 너를 향한 나의 마음은 네가 이렇게 하는 것이다." 하며 아주 짧고 쉽게 누구나 다 머리로 외울 수 있고 마음에 새길 수 있는 말씀이 바로 데살로니가전서 5장 17—18절 말씀,

"항상 기뻐하라(6자) 쉬지 말고 기도하라(8자) 범사에 감사하라(7자)" 는 말씀이시다. 이 말씀 중 항상과 쉬지 말고는 우리가 사는 생명의 시간이고 범사는 이 시간 가운데 일어나는 모든 관계를 말씀하신다.

나는 오래전에 이 말씀을 묵상하던 중 하나님 아버지께,

"이 세 말씀 가운데 무엇이 먼저 되어야 합니까?" 하고 물은 적이 있다. 그때 내 마음에 들려주신 말씀이,

"쉬지 말고 기도하라"는 말씀이셨다. 내가 다시,

"왜 이 말씀을 먼저 해야 합니까?" 하고 묻자,

"기도하지 않으면 성령이 도와줄 수 없기 때문이다. 그래서 쉬지 말고 기도하라는 말을 가운데 두었다. 기도하면 성령이 도와 기뻐할 수

없을 때 기뻐할 수 있고, 감사할 수 없을 때 감사하게 해 줄 거다." 하셨다. 이 말씀을 로마서 8장 26—27절에서,

"이와 같이 성령도 우리 연약함을 도우시나니 우리가 마땅히 빌 바를 알지 못하나 오직 성령이 말할 수 없는 탄식으로 우리를 위하여 친히 간구하시느니라. 마음을 감찰하시는 이가 성령의 생각을 아시나니 이는 성령이 하나님의 뜻대로 성도를 위하여 간구하심이니라." 하셨다.

이제 나는 나에게 주신 또 하나의 레마(하나님 말씀)의 레마의 말씀인 시편 71편 18절 말씀을 생각하며 3년 후 내 나이 80세 때에 잠언 16장 31절,

"백발은 영화의 면류관이라 공의로운 길(의로우신 예수님과 동행)에서 얻으리라." 하신 말씀을 기대해 본다. 아멘.

エピローグ(Epilogue)
"종이책의 기쁨"

작년 12월 말에 아내와 함께 중고 서점에 가서 10여 권의 책을 사왔다. 나라에서 문화생활을 하라고 준 문화누리카드를 12월 31일까지다 써야 한다기에 책을 사서 아내와 함께 즐겁게 보고 있다. 한국에와서 좋은 것이 많이 있는데 그중에서 읽고 싶은 책을 마음껏 사서 읽을 수 있는 것이다. 또한 중고 책은 남이 읽은 책을 내가 읽어도 좋다. 어떤 책은 주인이 사서 한 번도 안 읽은 것같이 새 책 같은 책도 있고 어떤 책은 줄도 긋고 색칠도 해 놓았고, 자기 생각도 적은 글이 있어 그것들을 읽는 재미도 쏠쏠하다.

지난번에 책을 많이 사니까 주인이,

"보너스로 저기 밖에 있는 책 아무거나 한 권 가져가세요." 해서 나는,

"그래요, 감사합니다." 하며 바닥에 벌려 놓은 책을 보는 순간 내 눈

에 《말을 듣지 않는 남자, 지도를 읽지 못하는 여자》라는 긴 제목의 책이 눈에 들어와 내용도 보지 않고 공짜로 주는 거라 가방 속에 넣고 전철 안에서 잠깐 보니 너무나 재미있어 책 속에 빠져 하마터면 내가 내릴 정류장을 지나칠 뻔했다. 그날 돈 주고 산 책 6권보다 제일 재미있고 유익된 책이었다.

나는 이 세상에서 제일 싸지만 제일 인생을 복되고 행복하게 하는 것이 책이라 생각한다. 그래서 옛날부터 책을 많이 읽는 사람이 각 분야의 좋은 지도자가 되는 것을 볼 수 있다. 나라도 책을 많이 읽는 나라가 큰 나라가 되고 지도자의 나라가 된다. 우리 한국도 세계를 이끌어 나갈 지도자의 나라가 되려면 세계를 보는 눈을 가져야 하는데 이 길의 가장 빠른 길이 책을 통해서 얻어지는 것이다.

브라질에서 사역을 마치고 한국으로 오기 전 짐을 정리하면서 그동안 전했던 말씀 노트들을 보며 내가 전했는데도 전혀 처음 보는 말씀 같아서 또 새로운 은혜가 되어 놀라기도 했고 또 어떤 말씀은 부끄럽기도 했다. 정말 하나님의 말씀은 살아 계신 말씀인 것이다 30년 전에 주신 말씀이 지금도 아주 새롭게 나의 마음을 만져 주시기 때문이다. 그러니까 말씀은 사람이 만든 것이 아니라 하나님이 그때그때마다 주시는 것이다. 그래서 하나님 말씀은 언제나 오늘 주시는 살아 계신 말씀이시다.

나는 지금도 30년 전에 하나님으로부터 받은 말씀 역대상 4장 9절

과 10절,

"야베스는 그 형제보다 존귀한 자라 그 어미가 이름하여 야베스라 하였으니 이는 내가 수고로이 낳았다 함이었더라. 야베스가 이스라엘 하나님께 아뢰어 가로되 원컨대 주께서 내게 복에 복을 더하사 나의 지경을 넓히시고 주의 손으로 나를 도우사 나로 환난을 벗어나 근심이 없게 하옵소서. 하였더니 하나님이 그 구하는 것을 허락하셨더라." 는 말씀을 매일매일 내 입으로 외치고 있다. 왜냐하면 지금도 이 말씀대로 매일매일 응답해 주시기 때문이다.

지금은 종이책들을 잘 안 읽고 성경 말씀도 핸드폰으로 보고 하는 편리한 시대가 되었고 설교도 노트북에 넣어 전하고 방 안에서 온라인으로 예배드리니 영혼을 살리는 역사는 멀어지고 희한한 모습의 예배들이 생겨나고 있다. 집에서 예배를 드릴 때는 마음이 산만하고 영적 예배가 되지 못하기 때문이다

그래서 젊은이들이 교회를 나오지 않고 세상 유행 쓰나미에 밀려다니며 영혼까지 끌어다가(영끌) "죽기밖에 더 하겠냐." 하며 아파트, 주식, 명품, 비트코인에 투자하여 일은 안 하고 하루 종일 핸드폰만 바라보고 있다.

나는 이들에게 예수님의 사랑의 편지인 성경 말씀을 읽으라고 하고 싶다. 매일매일 종이에 써진 사랑의 편지를 읽고 또 읽으면 반드시 꿈이 생기고 어려울 때마다 이길 수 있는 힘이 생겨 자기도 놀라운 자기

자신을 보게 될 것이다.

그리고 여러 분야의 책을 읽으면 자기 삶의 영역이 넓어지고 대인관계에서 인정받는 중요한 지도자의 역할을 하게 될 것이다. 아멘.